添削！日本人英語

How to Improve Your Writing Skills in English

世界で通用する英文スタイルへ

谷本真由美 & ポール・ロブソン
@May_Roma　　Paul Robson

朝日出版社

自己紹介

@May_Romaです!

谷本真由美(@May_Roma)
神奈川県生まれ。シラキュース大学 Maxwell School of Citizenship and Public Affairs 修士課程（国際関係論）、シラキュース大学 School of Information Studies 修士課程（情報管理学）修了。ITベンチャー、経営コンサルティングファーム、国連専門機関（FAO）の情報通信官などを経て、現在は情報通信サービスのコンサルティング業務に従事。ロンドン在住。

　み　なさん、こんにちは。Twitter芸人の@May_Roma（めいろま）こと谷本と申します。

　私はTwitterで思いついたことを書いているうちに、気がついたらフォロワーが5万人を超えていたという者ですが、本職はTwitterの芸人ではございません。海外の情報通信の市場や政策の調査研究、品質管理、ITガバナンスなどのお堅い仕事を生業にしております。

　上司も同僚も外国人、日本人はひとりもいないという状況で仕事をして長くなりますが、私はもともと帰国子女ではなく、海外に出たのは20歳を過ぎてからです。アメリカに留学した後、日本のコンサルティングファームや外資系企業の勤務を経て、イタリアにある国連専門機関で情報通信官という仕事をしていたこともあります。

　これまでに仕事でおつき合いしてきた上司や同僚、お客様はイギリス人やアイルランド人からインド人、中国人、ナイジェリア人、ボツワナ人に至るまで、おそらく50カ国を超えていますが、いつでも共通言語は英語でした。

特技はなまりの強い英語の解読と、世界どこでも日本食モドキを作れること。趣味はHR/HM（ハードロック＆ヘビーメタル）と世界の軍事博物館の訪問とネットの巡回です。好きなバンドはボン・ジョヴィとウィンガーとアイアン・メイデン。本場のコンサートを見に行くのが生きがいです。

気に入っている旅行先は旧ソ連で、好きな食べ物はジビエと魚介類とサイゼリヤのミラノ風ドリアです。米がある所ならどこでも住むことが可能です。

ロブソン教授です。

ポール・ロブソン
(Paul Robson)
イギリス生まれ。ロンドン大学ロイヤル・ホロウェイ校教授。専門は起業論、経営戦略。経済発展における起業家および中小企業の役割を研究し、大学で20年以上教鞭を執っている。

ロブソン教授ことポールです。ポールさんと気軽に呼んでください。
僕はイギリスの大学で経済学と経営学を教えています。趣味は園芸、射撃、アーチェリー、散歩。好きな映画は「ロード・オブ・ザ・リング」で、魔法とHR/HMが大好きです。特に気に入っているバンドはアイアン・メイデンとディオです。パブクイズ（イギリスのパブで行われるクイズ大会）に向けて百科事典と映画大百科を読むのが日課で、好きな食べ物はスコッチエッグとポテトチップスとカレー。気に入っている日本食はナマコの酢の物とえびせんべいと食べホーダイです。日本の温泉に行くことが生きがいで、外国人が書いた英語を読むのが好きです。どうぞよろしく！

はじめに

　私は90％は英語だけの環境で仕事をしてきました。特にイタリアで仕事をしているときには、周囲に日本人がほとんどいない状況で、毎日毎日、英語とイタリア語とフランス語とスペイン語がぐちゃぐちゃに飛び交う世界で、半分泣きながらルーターを設定したり、ゲリラに爆破された電話局がどうなっているか、英語が微妙に通じないアフリカの人に電話をかけまくるという辛い辛い日々を過ごしていました。
　こういう経験を積んできたわけですが、多国籍環境で仕事をする中で、何に一番困ったかというと、それは「書く英語」。

「えええ???　困るのは英会話じゃないの？」と言われるアナタ。もちろん、お仕事をする上で会話や聞き取りも大事です。
　しかし、世界中に仕事相手が散らばり、さらに多国籍企業や国際機関など、「何でもやたらと文書で残す」「文章で相手を説得する」という「アングロサクソン型」の仕事文化においては、「書き英語」が最も重要なのです。

　私はアメリカの大学や大学院に留学して修士号を2つ取りましたので、なんとかレポートやら学術論文の書き方の「基本」は学ぶことができました。
　しかーし、アメリカの学校では「英語的なロジックでの文章の書き方」などは教えてくれません。なぜなら、向こうではそんなことはみんなできているからです。

　私が育ったのは日本。国語教育も英語教育も日本で受けてきましたので、頭の中の文章の構造は「日本人」です。しかし、気がついたのです。
　英語で何か書く場合、英語圏の人々の「思考回路」に合わせて書かないと、意味が通じないということを！
　さらに、実務で使う英文の書き方というのは、表現方法や形式が大体決まっているのですが、海外の学校で教えてくれるのは課題や論文の書き方であって、

実務で使う英文の書き方は誰も教えてくれません。学校を出てから日本で働いた後、いきなり国連の専門機関に就職してしまった私は困り果てました。

　それでどうしたかというと、文章がうまい人のメールを保存して暗記したり、報告書などのお手本になりそうな文書を片っ端から集めて保存し、それらを「真似っこ」して書いていたのです。
　もちろん著作権法違反になりますから、どこぞの日本の研究者のようにネイティブの文章を丸ごとコピペなんてできません。あくまで「文章の構造」や「フォーマット」を真似っこするだけで、あとは自分で一から書くわけです。
　この私の秘密の「お手本ファイル」は分厚いものになり、家に帰るとせっせと何か参考になるものはないかと、さまざまな文書を当たっていました。

　結婚してイギリスに引っ越してから、日本の友達と交信するためにTwitterを始めたわけですが、私のプロフィールを見たフォロワーの方や全然知らない方から、次のような「書き英語についてのお悩み」が毎日のように寄せられるようになりました。

「会社で海外とやり取りしているんですが、なんだかメールの意味が通じてないみたいで」
「海外に引っ越したんですけど、PTAのメンバーに出す手紙の書き方が分からなくて困ってます」
「主人の転勤で引っ越した海外で、現地の役所が私の書いた書類をなくしてしまったんですが、文句をどうやって書いたものか。日本語では参考になる本が何もないし、教えてくれる人もいません」
「外資に転職したいんですが、英文履歴書の書き方が分かりません」
「国際学会に出す論文を依頼していたインドの翻訳会社の仕事が怪しくて。誰か見てくれる人を知りませんか？」

　特に目立ったのが近年のグローバル化の影響か、仕事で急に英語が必要になっ

たものの書き方が分からないため本当に困っている、というお悩みでありました。

　大学で教鞭を執る家人に相談したところ、「そうか、そんなに困ってる人たちがいるのか。確かに僕の日本人の学生も一流大学卒で実務経験もある人たちなのに、課題のひとつも書けないから驚いたよ」と言っておりました。
　しかし、「そりゃ無理もないよね。日本では学術論文の英語の書き方も、実務の文書の書き方もろくに教えてないし、英会話学校では一日中、『アナタは何歳ですか？』『今日は何を食べましたか？』という幼稚園児みたいな雑談をしてるんでしょ」と続け、
　「そうか、それなら空き時間に僕がその人たちの力になろうではないか」ということになり、困っている日本の人たちに英語の書き方をお教えしたり英文を添削する寺子屋を始めたわけです。それがネットで行っている「英語添削塾」の始まりです。

　そのうちに、だんだんと「ああ、これを知っていたら、みんなもっと英文が上手に書けるのに」「どうもこういうロジックを知らないみたいだわ」という知識がたまってくるようになりました。
　朝日出版社に相談したところ、「よし、本にしましょう」ということで、今回、そういうノウハウをまとめてみることにしました。
　本書のPART 2に収録した「添削塾」はリアルを期すため、生徒さんが書いた英文をそのまま掲載しています。

　これから海外に行かれる方、外資系企業に転職される方、留学される方、この本をお手に取っていただき、ご活用いただけましたら幸いです。

2014年12月
谷本真由美

Contents

自己紹介 —————————————————————————— 002
はじめに —————————————————————————— 004
本書の構成と使い方 ————————————————————— 011

PART 1
@May_Romaがジャパングリッシュを斬る!
——— 間違いだらけの英文を、平気で取引先に送ってしまう人たち

■日本人の英語、なぜ伝わらない!? ——————————————— 016
1. 英語圏の文章フォーマットを知らない ——————————— 021
2. 問題はささいなスペルや文法の間違いではなく「書きっぷり」 — 025
3. 文法は合っていても、言い回しが不自然 ————————— 025
4. ジャパングリッシュ (和製英語) の多用 ————————— 027
5. 無理やり複雑な英文にしてしまう ———————————— 028
6. 直訳すれば意味が通じると思い込んでいる ——————— 029
7. 文化背景の違いを理解していない ———————————— 033
8. 感情表現が多く、客観的事実が不足 ——————————— 035

PART 2
ロブソン教授の「脱ジャパングリッシュ!」添削塾
——— 「英語らしい文章」を書くための10のポイント

1. できるだけシンプルに書こう —KISSの法則 ——————— 040
2. 事実と感情を分けよう ————————————————— 046
3. 目的語を忘れずに ——————————————————— 052
4. 英語として自然な表現を押さえよう ——————————— 058

5. あいまいな表現を避けよう ―― 066
6. 不必要な繰り返しを避けよう ―― 069
7. 文章の長さをそろえよう ―― 077
8. 冠詞を正しく使いこなそう ―― 081
9. 能動的に書こう ―― 087
10. 業界用語 (buzz word) に注意 ―― 090
Column 1　土地による英語の違い ―― 094

PART 3
英語的思考で書くための「実践講座」
―― 英語的なロジックの組み立て方

まず、日本語の作文から見直そう ―― 096
不特定多数に向けて書かれている文書を研究しよう ―― 098
経済記事はヒントの宝庫 ―― 102
技術文書も、最高のお手本のひとつ ―― 104
学術論文を参考にしよう ―― 106
新聞のコラム、エッセー、小説、内容の薄いブログを参考にしてはいけない ―― 108
英語的なロジックの組み立て方 ―― 110

PART 4
@May_Romaの英作文スピードアップ戦略
―― 確実に力をつけるための奥義

■ @May_Romaの英作文「特訓講座」 ―― 120
1.「コミュニケーション戦略」を立てよう ―― 122
2. 毎日書く習慣をつけよう ―― 125
3. 文書作成を「効率化」する ―― 126
4. 文章を「設計」する ―― 128

5. 最初から英語で書く ——————————————————— 129
6. 話すように書く ——————————————————— 130
7. ネイティブに添削してもらう ——————————————— 131
8. 「語彙」と「表現」を増やす ——————————————— 132
英文作成のためのチェックリスト ———————————————— 135
Column 2　英語の「ノリ」に注意 ———————————————— 136

PART **5**

状況別 模範サンプル文
―― 一目置かれる「大人の英語」を書くために

■「大人の英語」を書こう ———————————————— 138

【依頼】 取引先に契約書の送付を依頼する 140 ／ 部下に残業を頼む 142 ／ 同僚に作業を依頼する 144 ／ 友人に息子の送迎をお願いする 145 ／ 頼みにくいことをお願いする 146 ／《実践編》新しい秘書に作業を依頼する 148

【アポイントメントを取る】 修理を予約する 156

【申し込む】 ミーティングを申し込む 158 ／ 面談を申し込む 160

【謝罪する】 欠席したことを謝罪する 162 ／《実践編》企業として謝罪する 164

【紹介】 新しい職場で自己紹介する 166 ／ 新人を紹介する 168 ／ 自社を取引先に紹介する 170

【問い合わせ】 店に問い合わせる 171 ／ 公的機関に問い合わせる 172 ／ 仕事で問い合わせる 174

【提案する】 新製品を提案する 176

【褒める】 部下を褒める 178

【失望を伝える】 相手に失望を伝える 180

【意見を表明する】 賛成を表明する 182 ／ 反対を表明する 183

【確認する】 会議の議題を確認する 184 ／ 仕事の内容を確認する 185

【誘う】 大学主催のセミナーに招待する 186 ／ 友人を映画に誘う 188 ／《実践編》友人をイベントに誘う 190

Column 3　日本人の英語のしゃべり方はDJみたい？ ——————— 195

【招待状】 お茶会の招待状［ややフォーマル］196 ／ 誕生日パーティーの招待状［ややフォーマル］198 ／ ディナーパーティーの招待状［フォーマル］200

【招待状への返事】 出席する場合 202 ／ 欠席する場合 203

【お礼】 委員会の議長を務めた人へのお礼 204／楽しかったパーティーに対するお礼 206／あまり楽しくなかったパーティーのお礼 208／パーティーの主催者を怒らせるお礼状 209
【お祝い】 同僚に昇進のお祝いを述べる 210
【お悔やみ】同僚にお悔やみを述べる 212
【問題を指摘する】 サービス品質の問題点を指摘する 214
【苦情】《実践編》委託先に苦情を申し立てる 216／《実践編》市役所に苦情を申し立てる 222

PART 6

英文の基本ルールとフォーマット
―― 「常識・マナーを知らない」と言われないために

英文フォーマット、イギリス式と北米式 ──── 228
 Eメールの基本フォーマット ──── 228
 英文レターの基本フォーマット ──── 230
 呼びかけ（salutation）と結語（closing）──── 232
 一般人の敬称（honorific）──── 233
 メモ（memorandum）のフォーマット ──── 234
履歴書とカバーレター（cover letter）──── 236
 履歴書のフォーマット ──── 238
 カバーレター（cover letter）のフォーマット ──── 242
日本人が間違えやすい「英文の基本ルール」──── 244
 大文字（capital）の使い方 ──── 244
 コロンとセミコロン ──── 247
他人の文章を引用するときの注意点 ──── 250
 引用（quotation）、言い換え（paraphrase）、要約（summary）──── 250
 参考文献の表示方法 ──── 253
Column 4 　ローコンテクスト文化とハイコンテクスト文化 ──── 257

INDEX ──── 259

本書の構成と使い方

PART 1 「日本人英語」の弱点を知る

@May_Romaがジャパングリッシュを斬る!

　優秀な人材がそろっているはずの日本の大企業や組織でなぜこういうことが起こるのか……。英語が原因でプロジェクトが失敗したり、ビジネスが損失を出す例を現場で目の当たりにしてきた著者がその理由を探っていきます。

PART 2 10のポイントを押さえる

ロブソン教授の「脱ジャパングリッシュ!」添削塾

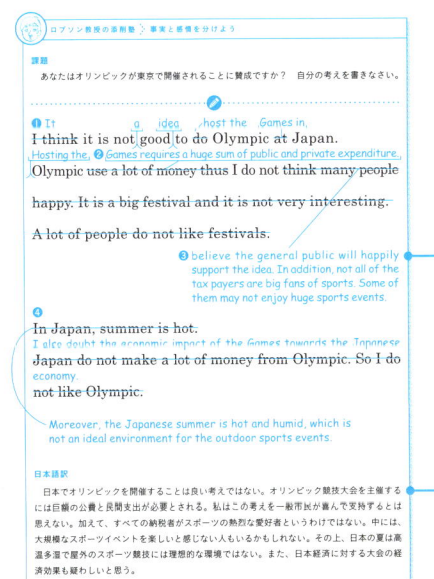

日本人が書いた英文をロブソン教授が添削しながら、「英語らしい文章」を書く上で注意すべき10のポイントを指南していきます。

— ネイティブならどう書くか、
　ロブソン教授が丁寧に添削。

— 日本語訳は添削後の英文に対応しています。

PART **3** 英語的思考にチャレンジ

英語的思考で書くための「実践講座」

「英語的な文章」を書くのに参考にすべきお手本を紹介。さらに英語的なロジックの組み立て方を実例を挙げながら伝授します。

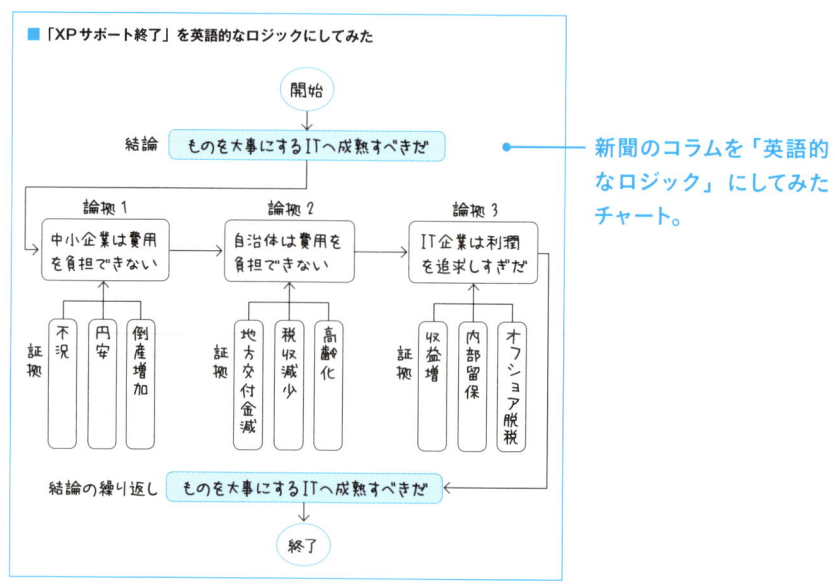

新聞のコラムを「英語的なロジック」にしてみたチャート。

PART **4** 英文を書くスピードを上げる

@May_Romaの英作文スピードアップ戦略

日本人が時間がかかってしまいがちな英文ライティングをスピードアップするためにはいくつかのコツがあります。そのために重要な**「事前準備」**と**「頭の中の整理」**を中心に解説しています。

PART 5 状況別 模範サンプル文

お手本を「ひな形」にする

　日本語には敬語や、年齢や性別に合った表現がありますが、英語にも「大人の言葉づかい」、つまりフォーマルな表現や灰色の表現、年齢に合った表現があります。この章では、英語圏で通用する模範例文を重要表現と解説とともに収録しました。英文を書く際にテンプレートとして使いましょう。

【確認する】

仕事の内容を確認する

❶ **It was** recently **agreed that** there should be an overhaul of the tasks performed by the production workers.

❷ **Please can you have a read of** the enclosed list of tasks and ❸ verify it by the end of the week.

☆重要表現
- **It was agreed that** ［～について合意されました］
- **Please can you have a read of** ［～を読んでいただけますか］

✓チェックポイント
❶ 仕事の割り振りを見直すことになった合意について述べられています。
❷ 「～に目を通してください」とお願いしています。
❸ ここでも仕事内容のリストが正しいかどうか verify（確認）してくださいと相手に求めています。

 @May_Roma's tips

英語圏では職務型雇用が当たり前なので、働く個々人が自分の担当作業についての契約書や職務内容を記した文書で確認することが珍しくありません。担当ではない作業をこなすよう求められることは多くありません。また、書類に記載された仕事と実際の作業に乖離がある場合は、職場の管理者や人事部に問い合わせたり不満を表明することが当たり前です。

日本語訳
　最近、生産ラインの担当作業の割り振りを見直すべきだと合意されました。同封の担当作業のリストに目を通して週末までにご確認をお願いします。

太字は「重要表現」、波線は「チェックポイント」で言及している箇所が文の一部の場合に付してあります。

@May_Roma さんのアドバイスも要チェック！

PART 6

> 基本ルールを確認！

英文の基本ルールとフォーマット

　英語圏で使われる文章のフォーマットは日本とはかなり異なります。この章では、メールや手紙、履歴書などのフォーマットおよび、日本人が間違えやすい英文の基本ルールなどをまとめてあります。

※本書の英語はイギリス式のつづりを採用しています。
※日本人の英文例は基本的に原文のまま掲載しています。

@May_Romaが
ジャパングリッシュを
斬る！

**間違いだらけの英文を、
平気で取引先に送ってしまう人たち**

PART 1

日本人の英語、なぜ伝わらない!?

「謎の英文」を送ってしまう人々

　日本の企業でも、海外の取引先と仕事をしている人は大勢います。

　海外に支社や支店のある大企業は、現地での仕事を英語でこなしたり、本社の規則や仕様書などを英語に翻訳して、それを海外の支社に送ったりして仕事をしています。

　また、官庁では英文のウェブサイトを作ったり、英語でコミュニケーションを取って外国の官庁や学者さんを訪問したり、共同でプロジェクトを実施したりしています。

　さらに、日本の学者さんの中には、海外で開催される学会に出席するために英語の発表論文を送ったり、海外の学術誌に論文を投稿したり、はたまた海外の大学に直接連絡を取ってビジティングプロフェッサー(客員教授)として受け入れてくれるよう働きかけたりします。

　しかーし、しかーしですよ、皆さん！

　現場に身を置いてみて分かるのですが、**なんと、日本の中央官庁や優秀な人材がそろっているはずの大企業、学者さんの少なからずが、「謎の英文」を海外に送ってしまっていたりするんです。**

　私が実際に目撃した恐怖の実例をいくつかご紹介します。

📄 実例1

- ある中央官庁の官僚の方が書いたメチャクチャな訪問依頼書を、イギリスの

大手企業が受け取ります。
- 日本語を直訳したと思われる長々としたあいさつ文があり、とりあえず訪問したいと書いてある。
- しかし、訪問目的や訪問先のベネフィット（利益）、報酬に関して何も書かれていない上に、訪問して得た情報をどのように使うかも記載なし。
- 受け取った担当者は「一体何のために来るのだろう？　この人たちスパイなの？　こっちも仕事が忙しいんだけど。この人たちの訪問に対応するのにも人件費がかかって、われわれが人件費を分刻みで計算してコストを出してるって知らないのかな？　バカなの？　しかもこの文書、読んでも意味が分からないんだけど??」と頭を抱えて大騒ぎ。
- 「でも、なんか来ちゃうみたいよ。どうしよう、どうしよう」と真っ青になりながらその文書を解読するための会議を実施。
- その結果、担当者はストレスで体調不良に。

実例2

- 超大手企業に勤める50代の研究者が、国際会議のために作成したプレゼン用の英文資料。
- 日本語からの直訳のため、英語で意味が成立しておらず、会議前に受け取った現地の担当者は「何の発表をするんですか???」と困惑。
- しかし、会議用の概要を作らなければならないため、作成者に問い合わせるも、メールの英語もメチャクチャ、電話での会話は成り立たず。
- 担当者は半分泣きながらその資料から抜粋して概要を作り、「なんじゃこりゃ!!」と上司に激怒されるはめに。

実例3

- ある大手企業の情報システム部のセキュリティ担当者が、海外の子会社従業

員向けに本社のセキュリティルールや監査手順を英語で書いたものの、日本語からの直訳の上、文法や表現もメチャクチャ。おまけに、専門用語は「日本式英語」で、英語圏では存在しないものばかり！
- 現地の担当者は翻訳ソフトを駆使して解読を試みるも、さらに難解な英文になってしまい、本社との会議までに文書の内容が理解できないと大パニック。
- 作成者に問い合わせるものの、「なぜこれが理解できないんだ‼ 君たちは頭が悪いんじゃないか？ こんなの読めば一発で分かるはずだ」と反対に怒鳴られるはめに。
- 本社との会議では、文書の内容を誰も理解していないために、会議は崩壊状態。
- その結果、ルールが分からないために違反してしまう社員が続出し、懲戒解雇になる人も。監査までに資料がそろわず散々な結果に終わり、監査会社からは大目玉。現地の担当者は本社から責められて退社するはめに！
- 部署の士気も低下し、退職する社員が続出。上長は代わりの人材を探すのに苦労の連続で胃潰瘍に。
- ああ…、あの文書さえちゃんとした英文で書かれていたら、こんなことにはならなかったのに。

📄 実例4

- ある超有名国立大学の研究者。「英語には自信があるんですよ」と自称。
- しかし国際学会に論文を送る前には、英文校正を請け負っているインドの会社に原稿を送り、一応チェックを依頼。その校正会社の顧客は国立大学や官庁、超大手企業などで費用は高額。
- ところが出来上がってきた原稿の英語は、日本語の直訳と19世紀の英語表現に、インド風の言い回しがぐちゃぐちゃになった摩訶不思議な文章。
- 「私の論文、内容はいいと思うんですよね。日本の学会ではすごく受けがいいんですけど、海外ではさっぱりで…」

- そう、この先生、校正に出した英文がどれだけひどいものか分かっていらっしゃらない。
- ああ、なんという時間とお金と才能の無駄遣い！

実例 5

- ある大手企業のプロジェクトマネージャーが、海外の提携企業との共同プロジェクトに参加。
- 自社が担当する作業のスケジュールと要件定義（何をやるか）を英語で作成し送付するも、日本式に書かれていて英語圏の標準フォーマットで作成されていなかったために、相手は内容が理解できず大混乱。
- しかもご多分にもれず、英語も日本語直訳でメチャクチャ。
- なんとか内容を確認しようとするも、プロジェクトマネージャーは「なんであんな簡単なものが分からないのですか？」と口を滑らせてしまい、気を遣ってわざわざ解読しようとした提携企業は大激怒。
- 関係者の人間関係は悪化、スケジュールや内容の確認が取れず、プロジェクトは遅延し、3000万円の追加費用が発生するはめに！

ホラー映画を見ている気分に…

　こういう例に出てくる皆さんは、超有名大学を出ており、決してお若い方々ではありません。皆さん英語には大変な自信があり、学生時代は恐らく英語の成績は優秀だったのでしょう。

　ところが、書いた英文はジャパングリッシュどころか、内容がメチャクチャで、ネイティブが読んでも**意味がさっぱり、業務は混乱、先方の担当者は涙目**、ということが実際にあるわけです。

しかし、先方も大人ですから「アナタの英語がひどくて意味が分かりません」とははっきり言えない。ああ、なんと理不尽なのでしょう。

もちろん、中には優秀な方もいて、きちんとした英文を書かれる方もおります。

例えば、比較的長期間（数年間）英語圏で学び、修士や博士の学位を取得しているレベルの方や、普段英語で論文を書いているような研究者の方、本当の意味で英語が堪能な方等々です。

しかし、人材が豊富でお金もたっぷりある大組織であっても、海外と仕事する人のすべてがこうではないというのが実情です。

どうですか、背筋が寒くなりませんか？

私はひどい英文が原因でプロジェクトが失敗したり、ビジネスが損失を出す例を現場で目の当たりにするたびに、ホラー映画を見ている気分になります。

さて、優秀な人材がそろっているはずの大企業や官庁や大学でなぜこういうことが起こるのでしょうか？　その理由を説明していきましょう。

1. 英語圏の文章フォーマットを知らない

英語圏では、ビジネスレターやメモ、履歴書、クレームの手紙、要件定義書などにある程度決まった形式や、大まかな「書き方」というものがあります。

まず、**用紙の使い方やフォーマットからして日本式とは違うのです。**

日本式を押し通してしまい失敗する例が、マイクロソフト・エクセルなどの表計算ソフトを方眼紙状態にして、そこに大量に文章を書き入れて「はいどうぞ」と先方に送りつけてしまうケースです（22ページ図）。

これ、**英語圏ではほとんどやりません。**

そういうフォーマットを使う習慣がないからです。受け取った方は「うわ、なんじゃこれは！」と慌ててしまうわけです。

さらに、用紙に日本式の枠を作り、その枠の中に日本式の略語を入れ、それを英語に直訳した文書を送りつけるケースも見られます（23ページ図）。

お役所の申請書や、社内の稟議書をイメージしていただくと分かりやすいでしょう。

例えば、「稟議」をそのままローマ字でRINGIと書いて入れてしまうなど、信じられないかもしれませんが本当の話です。

送りつけられた方は、意味不明の略語は入っているわ、そもそも上から読むのか横に読むのか分からない「フォーム」を送りつけられるわで、「なんじゃこの枠が入った用紙は？？」となるわけです。

こうした恐怖の「ザ・ジャパニーズ文書」を書くのは、海外との交流がほとんどない官公庁や地方自治体、学校、国内マーケットのみでビジネスが成立している組織で働いている人たちです。彼らに共通しているのは日本国内のビジネス文書のフォーマットしか知らないことで、若い人から中年、熟年まで年齢

営業日報

> エクセルに数ミリ単位の枠を作って、エクセルを文書作成に使用してしまう日本独自の職人芸。作った本人以外には直せずただでさえ仕事の嫌いな海外の支店の人々が激怒！

	訪問営業	
ABC書店本店	1階 新刊	新刊『●●』30部受注。
	2階 実用 コミック	担当者不在、後日訪問。 新刊『●●』5部受注。
	3階 ビジネス	新刊『〇〇』30部、『△△』10部受注。 新刊『□□』20部受注。
	4階 人文	新刊『●●』5部受注。 『××』パブ情報確認。平積み追加分発注済み。
	5階 理工	新刊『□□』80部受注。 『▲▲』「PQRベスト」でランクイン。
	6階 語学	『〇〇』20部、『△△』30部、『◇◇』並列分10部受注。 『☆☆』並列分5部受注。
XYZ書店 ××店	人文 新刊『●●』20部受注。 フェア台でも展開を検討してくれたが、上長より却下。主棚で厚く展開。	

社内実務	『◇◇』定期	・通販 問い合わせ対応5件。 ・システム、販社 他 受注作業。 ・システム入力データ・システム連携 確認作業。
	『◇◇』◆月号 ZZZ用書誌データ作成、入稿。	
	YYY社 『◇◇』定期採用提案資料作成作業。	

RINGI

Day : October 28 2014   Department : Eigyo
Person : Yamada

Chop

Bucho	Kacho	Kakaricho	Syunin	Keiri

RINGI : About Pasokon of Eigyo

I want to the approval of this.

Note
Model : Macbook Air 11 inch
Number : 3
Price : 86,000 yen × 3 = 258,000 yen
When buying : January 2015
Reason :
Eigyo is working very hard to sale new desk in Indonesia. Salesman visit many stores everyday. They use Pasokon a lot to use e-mails, write Ringi, etc. We want to buy better Pasokon.

Document : How we use Pasokon

That is all.

Send :
Person → Syunin → Kakaricho → Kacho → Bucho → Person → Keiri

稟議書を英語に直訳した恐怖のザ・ジャパニーズビジネス文書。稟議や部長などはなぜかローマ字でそのまま。間違いだらけで意味不明な英語。いきなり登場する印鑑欄。BuchoもRingiも意味が分からないガイコクの人はパニックに。そもそも稟議なんて物が存在するのは日本だけ！

層はさまざまです。

「和文の履歴書」をそのまま英訳！

　また、よくあるのが、和文の履歴書をそのまま直訳して英文履歴書として提出してしまうケースです。

　英文履歴書というのは、アメリカ式とイギリス式で記述する内容や表現が若干異なるのですが、基本的にフリーフォーマットで自分が強調したいことを新しい順に書いていきます（236ページ）。

　日付や学校名などの表記ももちろん英語圏の方式にのっとって書かれていることが前提です。

　ところが「直訳すれば分かるだろう」と信じ込んでいる人たちは、なんとあの日本の定型の履歴書を本当にそのまま英訳して英文履歴書として外資系企業や国際機関に送りつけてしまうのです！　**実例を多数目撃**

　英語圏では資格名や学位の表記の仕方も決まっていますが、このような人たちはそれを無視して、和文を直訳して書いてしまいます。

　ちょっと気をつけている方であれば、翻訳会社などを使ってそうした履歴書を英文校正に出したりしますが、通常の校正料金で校正者がチェックするのは文法の間違いやスペリングだけで、大幅な書き直しはやってくれません。

　「あれ、これはおかしいな。意味が通じないな」と思っても、クライアントが「チェックをお願いします」としか言わなければ、体裁から用語までを英語風に書き直すことはしません。

　サービス精神旺盛な校正者の場合は、ゴーストライティングに近い形で文書をリライトすることもありますが、そうすると、

　「元のと全然違うじゃないか！　私の英語力をバカにしているのか!!」
と激怒するクライアントがおられるのです。

2. 問題はささいなスペルや文法の間違いではなく「書きっぷり」

　日本人の場合、文書の「書きっぷり」も問題になります。
　これはどういうことかと言いますと、英語では「結論」を先に書いて、その後に「論拠」を書くという、わりと単刀直入な書き方をするわけですが、日本語の文章の場合は冒頭に長々と時候のあいさつが入ったり、時には日本人しか知らないことわざを入れてみたりします。

　例えば、訪問依頼書を書くときに日本式に「若葉が目にまぶしい季節になりましたが、ご機嫌いかがでございましょうか？」と書いて、それを英語に直訳しても、
　「はああ？　なんじゃこの奇怪で気色の悪い文章は？？」
と言われてしまうわけです。

　「書きっぷり」がとりあえずマトモであれば（文章の筋道が通っていれば）、読んでいる方は少々の文法やスペルの間違いがあっても理解することが可能ですが、この「書きっぷり」がひどいと文全体の意味をつかむことができないため、相手は訳が分からないわけです。
　文章の「キーメッセージ」(言いたいこと) が意味不明だったり、日本語の文を直訳しているために言いたいことが伝わらない方が、何十倍も厄介なのです！

3. 文法は合っていても、言い回しが不自然

　高学歴で英語にも自信があるのにメチャクチャな英語を書いてしまう人の多くが、大学受験の英語は得意だけれども、ビジネス文書や書籍、新聞の英語に触れる機会がほとんどなかったために「どういう英語が自然なのか」が分かっ

ていないのです。

　しかし、海外の組織で何年も働いていたとか、普段から研究のために膨大な量の英文資料を読み込んでいるとか、英語圏の大学や大学院で学位を取ったというような人でないと、なかなか「さまざまな英文に触れる」という機会はありません。

　日本人は「文法が完璧であること」「イディオムを使うこと」などにこだわる人が少なくなく、それが最重要のように考えていたりしますが、実は**大切なポイントは違います！**
　日本語を丹念に英語に直訳して、文法は完璧であったとしても、言い回しや表現が「英語として不自然」であると、相手には意味が通じません。

　文法に多少の間違いがあったり、単語のスペルが違っていたとしても、読み手は、**文章の流れや表現が「英語的なもの」の方を歓迎します。**
　些細な間違いは推測すれば問題ありませんし、ネイティブだって間違えることはあるのです。

4. ジャパングリッシュ（和製英語）の多用

　日本でしか使われてない「ジャパングリッシュ」――**いわゆる「和製英語」ですね**――というのがあります。
　「サラリーマン」などはその代表例ですが、実は日本のビジネス界でも和製英語は大活躍です。

　例えば、「ブレスト」「キャリアウーマン」「OL」「ノートパソコン」「リストラ」「パート」「フロント」「クレーム」等々、大量の和製英語が使われています。
　「クレーム」は日本では「苦情」という意味で使われますが、英語の場合は「〜を主張する」「（社会保障の手当てや経費の払い戻しを）請求する」などの意味になります。
　このように単語自体は英語圏と同じであっても、日本では異なる意味で使われていることが多々あるのです。
　また、「パート」は英語圏では意味が通じません。正しくは「part-time worker」で、短時間働く非正規雇用の人を指します。必ずしも女性というわけではありません。
　「ノートパソコン」という言葉も英語圏では一般的ではなく、代わりに「laptop」「notebook」などといいます。

　さらに、一見英語に堪能な人が多いように見えるIT業界も和製英語であふれ返っています。
　例えば「プロマネ」「SE」「ベンチャー」「デフォ」「イメージ」「スマホ」「ワイヤレス」等々。
　「プロマネ」は英語圏では「project manager」といい、略しません。また、IT業界は一般的に業務が専門分野別に分かれており「SE」という職種はなく、ひとりのエンジニアが上流行程（開発・設計の初期段階）から下流行程（実装や導入など）、さらに運用まで担当するということはありません。
　「イメージ」は日本では「印象」という意味で使われますが、英語圏では「画

像」という意味で使われることがほとんどです。

　自称英語が堪能な方や、英語圏でどのような言葉が標準的に使われているか知らない方は、こういう**ジャパングリッシュをそのまま英文に書いてしまう**のです！
　文法や表現は合っていても、相手はその言葉の意味が分からないので「??」となってしまいます。
　「ジャパングリッシュ」ですから、英語の辞書にも載っていない、周りの人は知らない、挙げ句の果てに書いた本人に聞いても「何で知らないの？」と言われてしまう始末です。

5. 無理やり複雑な英文にしてしまう

　これも日本人が書く英語にものすごく顕著です。
　受験英語の弊害なのか、はたまた「英語は難解でなければならず」と思っているのが原因なのかは分かりませんが、とにかく複雑な構造の文章にしたり、ひとつの単語で表現できるところを無駄な言葉をいくつも連ねてみたり、やたらと難しい単語や言い回しに置き換えてみたり、という方が少なくありません。

　さらに**凝った人になると、19世紀の古語表現を用いたりします**。受験英語では良い点をもらえても、英語の現場では「なんじゃこりゃ？」と言われてしまいます。

　分かりにくい表現でよくあるのは、英語のネイティブが書くときには**「能動態」を使うところを、あえて「受動態」を使ったりする**パターンです。

　例えば、「彼は有機牛をミディアムレアに調理した大きなステーキを食べた」と言いたいときにネイティブであれば、

He ate a large steak that was cooked medium rare and organic.

と書くところを、日本人が書くと、

A large steak was eaten by him, which a chef at the restaurant where he was eating at that time cooked medium rare, and the meat was organically grown in the UK.

となってしまったりします。

　ネイティブの方は単純明快で分かりやすいのですが、日本人の文は無駄に長く、読むのに時間がかかります。
　また、重要な情報が一発で頭に入ってきません。受験英語の感覚からすると、日本人の方がさまざまな文法のテクニックを駆使し、たくさんの単語を使っているため、優れているように思われがちです。
　しかし、英文として不自然ですし、不必要な情報が多く冗長、というわけです。

6. 直訳すれば意味が通じると思い込んでいる

　日本人によく見られる勘違いに、「完璧な文法を駆使して日本語を英語に直訳すれば、通じるに違いない！」というのがあります。

　これ、大学入試英語で高得点を収めたような方や、「私は英語が得意」と言っている方、はたまた英検1級を持っているような方に少なくありません。
　ところが、すでに述べた通り日本語をそのまま英語に直訳しても、**意味が通じる英文にはなりません**。

その理由は、
- 日本語の文章の構成をそのまま英語に置き換えているため、
- 言い回しが英語として不自然で、
- 日本人しか使わない英語表現になってしまっている、

からです。

「一字一句正確に」は危険！

この「和文→英文」直訳が得意なのは、**超大手企業やお役所など**です。

こうした組織では、組織内文書や英語版のウェブサイトなどが必要になるため、翻訳会社に外注したり、組織内の英語ができる人が英訳したりするのですが、なにぶん業務用の文書であるため元の日本語を大幅に変えたり、英語風に大胆に意訳するということが簡単ではありません。

元の文書を作成したのは別の部署だったりしますので、翻訳を担当する者の一存で大幅に書き換えることはできないわけです。

また業務文書ですので、**「一字一句正確に訳してください」と注文する**場合が少なくないのです。

この「一字一句正確に」というのは、本来なら「英語のネイティブが読んで自然に感じる文章」にするべきなのですが、日本語をそのまま直訳したような不自然な文章の方がよい、と本当に思い込んでいる方が少なくないため、翻訳者が気を利かせてリライトすると文句を言ってきたりします。

そうした人たちは、**どういう英文が自然なのかが分からない**ために、直訳文が良いと思い込んでいるというわけです。

「大人が書いた文章」とは

それでは、ここで実例を見てみましょう。

以下は、文部科学省が平成25年12月に発表した「グローバル化に対応した英語教育改革実施計画」の英語版です。

English Education Reform Plan corresponding to Globalization

In order to promote the establishment of an educational environment which corresponds to globalization from the elementary to lower/upper secondary education stage, MEXT is working to enhance English education substantially throughout elementary to lower/secondary school upon strengthening English education in elementary school in addition to further advancing English education in lower/upper secondary school.

Timed with the 2020 Tokyo Olympics, in order for the full-scale development of new English education in Japan, MEXT will incrementally promote educational reform from FY2014 including constructing the necessary frameworks based on this plan.

(http://www.mext.go.jp/english/topics/__icsFiles/afieldfile/2014/01/23/ 1343591_1.pdf)

日本語版
グローバル化に対応した英語教育改革実施計画
　初等中等教育段階からグローバル化に対応した教育環境づくりを進めるため、小学校における英語教育の拡充強化、中・高等学校における英語教育の高度化など、小・中・高等学校を通じた英語教育全体の抜本的充実を図る。
　2020年（平成32年）の東京オリンピック・パラリンピックを見据え、新たな英語教育が本格展開できるように、本計画に基づき体制整備等を含め2014年度から逐次改革を推進する。

(http://www.mext.go.jp/b_menu/houdou/25/12/__icsFiles/afieldfile/ 2013/12/17/ 1342458_01_1.pdf)

これを、仮に最初からネイティブが作成したとすると、次のようになります。

📄 ネイティブ例

English is the global business language and it is also the main language used at international cultural and sporting events. The 2020 Olympics will take place in Tokyo and MEXT is committed to improving the quality of the English language education of Japanese children from elementary through lower and upper secondary schools. MEXT will roll out the reforms from 2014.

日本語訳
　英語は世界のビジネス言語であり、国際的な文化・スポーツイベントで使われる主な言語である。2020年の東京オリンピック開催に向け、文部科学省は小・中・高等学校の子供たちの英語教育の質向上に努める。文部科学省は2014年より改革を進める意向だ。

どうですか？　無駄な言葉や不自然な表現が省かれて、ずいぶんシンプルな文章になりました。使われている用語も洗練されたものになり、「大人が書いた文章」に変身しました。

　なお、文部科学省が作成した元の英文はネイティブの目には、文法は合っているが「**何も言っていない、中身のない文章**」のように映るそうです。

　これが日本の英語教育の指針を示した文章だとは、このような英文を書かないように日本国民はもっと英語を頑張るべし、という皮肉なものになってしまっているというわけです。

　なお、その日本語版（31ページ）は、よくある中央官庁のお役所文書です。
　これを読むと、英語版は日本語を直訳したものだということがよく分かるのですが、なにぶん直訳に近いためネイティブが最初から書いたものとは雰囲気がずいぶん違います。

7. 文化背景の違いを理解していない

　日本語を一字一句正確に英語に訳せば通じるだろうと思い込んでいる方は、英語の読み手と日本語の書き手の間に、表現の仕方や文化背景に根本的な違いがあるということを無視しがちです。
　日本語の文章は何でもかんでも明確に表現するということはせず、「相手は知っている」ことを前提にしたものが少なくないため、文化背景に関する説明を省いてしまいます。

　例えば、そういう前提で書かれた英文にありがちなのが、**日本語のコトワザが入っている**ものです。

　気の利いた翻訳者であれば、意味が大まかに同じ英語のコトワザを当てたりするのですが、なんと日本人の中には、「壁に耳あり、障子に目あり」といったコトワザをそのまま英語に直訳してしまうような人が結構いるわけです。

「壁に耳あり、障子に目あり」を直訳すると、

The walls have ears, and the paper doors have eyes.

となります。

　読む方は、「**紙のドアって何？　なんで目が生えてるの？**　はあ？」となってしまいます。
　そもそも、日本文化を学んだような人以外は日本のコトワザなんて知りませんし、「これはコトワザです」と言われてもぴんときません。

　こういう表現を、日本の年配の方はスピーチや社員への訓示、年頭のあいさつなどに入れたがるわけですが、読んでいる方は意味が分かりません。

翻訳者はクライアントに対して「あなたの依頼してきた文はおかしい」とは言えませんから、**こんなの通じないわ、と思いつつコトワザを直訳するはめ**になります。

なんでこの会社、こんな製品を売っているの？

同じように、日本の生活習慣や文化背景を知らない人が読んでも分からない内容を、そのまま商品説明やウェブサイトに載せてしまう企業も少なくありません。

例えば、「この携帯電話用のフィルムを貼ると、混雑した電車の中でも隣の人に画面をのぞき見されません。プライバシーは完璧です！」という商品説明を読んでも、日本ほど電車が混まない国の人は、「人の携帯をのぞけるほど電車が混むってどういうこと？　そんなに隣の人の近くに寄るわけ？」と不思議に思ってしまいます。

さらに、自分の携帯電話の画面を見られても気にしないという文化の中で育ってきた人は、「え、別に見られてもいいでしょう？」と思うわけです。

英語で書かれている文自体の意味は分かるのですが、「なんでこの会社、こんな製品を売っているの？」と不思議がられてしまうのです。

8. 感情表現が多く、客観的事実が不足

　日本人が書く英語にこれまた顕著なのが、やたらとポエム的な感情表現や、あいまいな修飾語があふれ返っていることです。

　例えば、よくあるのが、
「私は何々のように感じました」(I felt that...)、あるいは、
「今の日本についてどう思いますか？」(What do you think about modern Japan?)などです。
　こういう表現がなぜか業務用レポートやインタビューにも使われてしまいます。

　I felt（私は感じました）は、例えばその製品やサービスを見て、単に**その人が感じたこと**を伝える言葉であり、その時感じたことは、「悲しい」「お尻がかゆい」「今日の夕食は何かな」ということかもしれません。
　仕事でその製品についての自分の意見を伝えるには、

- 今の○○地域における市場で評価するとどうだ。
- こういうデザインだから、○○のような年齢層の顧客には売れるはずだ。
- この機能は不完全なので、○○のように改善しなければならない。
- わが社の生産ラインに追加すると、○○のような追加コストがかかるので、経営を圧迫しかねない。

といった、ビジネスに直接関係のある、**感情を排除した表現で伝えなければならない**はずです。

What do you think...? は使ってはいけない

　取材する相手にWhat do you think about modern Japan?（今の日本につい

てどう思いますか？）と聞くのも同じです。

　日本人はプロのインタビュアーや取材者ですら、やたらと What do you think...? を多用します（動画サイトで英語圏の記者会見に出席している日本人記者の質問を聞くとよく分かります）。

　これが日本であれば、質問された方はサービス満点に、聞いた側の意図をくみ取ってくれます。
　「ああ、何々に関する大まかな感想や印象が知りたいんだね。感情表現を入れたやつね」
と、聞き手が求めている答えをくれるわけですが、英語圏の人は「だから僕が思う（I think）ことを知りたいって、それは**今このインタビュー会場から一刻も早く抜け出して、家に帰ってビールを飲みたい**ということだ」と答えるかもしれません。

　「どう思う？」と聞くから、そうなってしまうわけです。
　相手の考えを聞き出したいのであれば、例えば「日本政府の2013年度財政政策は失敗であったか、成功であったか？」というように、相手の「感じたこと」ではなく、**その人の意見を答えられるような質問**にしなければなりません。

小学校低学年からプレゼンする国

　日本人が、客観的な事実や自分の意見を書くべき文章にすら、感情的な表現をやたらと盛り込んでしまう原因のひとつに、日本の学校教育における作文指導があります。

　日本では小学校のころから、作文というと「読書感想文」「遠足の感想」「運動会の感想」「両親への感謝を書きましょう」などといったものばかりです。
　中学や高校に上がっても国語の試験では「作者はどう思ったか？」「主人公の心情を推察しなさい」などと、「感想」「感情」を表現することばかり書かされ

ます。
皆さんも身に覚えがあるのではないでしょうか？

ところが、これが英語圏の学校になると大違いです。
小学校低学年のころから、
「フランス革命が成功した理由を説明しましょう」
「何々の行事を説明する手紙を書きましょう」
「このウェブサイトの構成についてプレゼンテーションしてください」
と、事実を説明したり、実社会で使うような文章を書いたり、プレゼンテーションをしたりしているわけです。

「遠足で見た桜がきれいでした」「主人公はお父さんがカワイソウだと思っていたと思います。私はこういう主人公になりたいです」などと、延々と「こう感じました」「きれいでした」「カワイソウ」と書く訓練を受ける日本人とは、文章作成の基礎の基礎が全く異なるのです。

以下は、イギリスのGCSE (General Certificate of Secondary Education: 一般中等教育修了試験) というテストの、歴史試験の抜粋です。

📄 GCSEの抜粋

Why did the discoveries of the Renaissance make little practical difference to medical treatment in England in the period c1500–c1750?

Pearson, Pearson Edexcel Level 1/Level 2 GCSE in History B
(Schools History Project) (2HB01) For certification from 2015 Issue 3
(http://www.edexcel.com/migrationdocuments/GCSE%20New%20GCSE/GCSE_History%20B_for_2013_SAMs.pdf)

日本語訳
　ルネサンス期の発見が西暦1500-1750年のイギリスの医療に実質的な影響を与えなかった理由を述べなさい。

これは大学の入試問題ではありません。早い子で13歳、普通は14〜16歳で勉強する内容です。

　このGCSEというのは、イギリスで中等教育を修了したことを証明するために受ける試験で、普通は10年生（14〜15歳）から2年間勉強し、11年生（15〜16歳）の終わりに受験します。その後の進学に関わる大事な試験ですが、日本とは異なり論述式の試験が少なくないのです。

　イギリスの学生は、小学校高学年からこういう試験を受けるために、せっせと自分の意見や客観的な事実を言葉で論述するトレーニングを受けているわけです。
　その子たちが大学生になり、働くようになっても、事実関係をささっと客観的に表現できたり、感情を排した文章を書くことができるのはこういう訓練の賜物（たまもの）というわけです。

ロブソン教授の「脱ジャパングリッシュ！」添削塾

「英語らしい文章」を書くための10のポイント

"If you can't explain it to a six year old, you don't understand it yourself."
Albert Einstein

「6歳児に説明できないのであれば、
それはあなたが理解していないということだ」
アルベルト・アインシュタイン
(http://judaism.about.com/od/jewishpersonalities/a/Albert-Einstein-Quotes.htm)

PART 2

POINT 1

できるだけシンプルに書こう
——KISSの法則

複雑な方がいい、という誤解

　日本人の多くが高校や大学受験のために英文法や英作文を学びます。

　残念ながら日本の英語試験の多くは、英語を使った表現力や論理的思考、実務で英語を使えるかどうかという能力を測るものではなく、穴埋め問題に選択肢から答える、複雑な文法を解読する、英文和訳する、という「クイズ的な問題」や「知識量を問う問題」が主流です。

　こうした問題の多くは、レベルの高い試験になるほど、複雑な文法の法則や難しい熟語をどれだけ知っているかをテストしたり、難解な英文を和訳させたりする、といったものになりがちです。

　つまり日本の受験英語の世界では、**複雑であればあるほど「高度」な英文だとされる**わけです。

　このような経験を通して「英語は複雑な方が良い」という思考が身についてしまうと、いざ自分が英文を書く際にも、受験英語でたしなんだ難しい英文法の知識や熟語を使ってしまいがちです。

　複雑であるほど自分の「知性」を証明できるのだと信じてしまうからです。

　ところが、英語圏のプルーフリーダー（校正者）や、テクニカルオーサー（技術的文章を書く専門家）、学者、ジャーナリストなど、文章を扱うことを専門にしている**プロが教えることはその全く逆です。**

単純にしておけ、このマヌケ

　彼らから繰り返し注意されるのは「KISSの法則」の順守です。

KISSとは "Keep It Simple, Stupid"（単純にしておけ、このマヌケ）という意味で、1960年代にアメリカの技術者によって提唱されたハードウェアやソフトウェア設計の概念です。(http://foldoc.org/KISS+Principle)

設計をできるだけ単純にしておくことで、問題が発生した場合に原因を突き止めることが容易になる上、設計した人以外にも開発や修理が可能になるので効率が良いというわけです。

科学の世界では、この法則はOccam's Razor（オッカムの剃刀）と呼ばれます。14世紀のイギリスの哲学者、オッカムが提唱した概念で、ある物事を説明するにはできるだけシンプルな仮定が使われるべきだ、というものです。(http://foldoc.org/Occam's+Razor)

実は、英文作成においてもこれらの法則とまったく同じことが当てはまります。

良い文章とは、複雑なことをなるべくシンプルに伝えるものです。

複雑な文章を書く人は、実は自分が何を書いているのかをよく理解しておらず、頭の中が十分に整理されていない上に、文章が複雑すぎて相手に理解できないため、読み手にとっても不親切な文章といえます。

ここで「KISSの法則」や「オッカムの剃刀」の原則に反している英文の例を見てみましょう。

ロブソン教授の添削塾　できるだけシンプルに書こう①

課題
英語の電子書籍の日本語版と中国語版を制作するために、品質基準について説明する仕様書を書きなさい。

~~The~~ **This** book is provided in English, Japanese and Chinese~~,~~.
❶ To prevent adverse publicity and/or legal action from certain groups,
~~so that readers who had few access to Andy White's works~~
accurate
will be able to enjoy his book easily. ~~Accurate~~ and fluent ❷
❸ <u>In addition, a high level of the translation is critical</u>, ❹ to
translation is critical. to meet readers' expectations, ~~for~~
have good reviews on Amazon's website or from other book reviews.
~~many readers post comments, or sometimes a poor level~~

~~of satisfaction, on book review of Amazon or other web~~

~~bookstore, and any negative comments may damages the~~

~~book's sales.~~

日本語訳

　この本は英語、日本語および中国語で提供される。特定の集団による悪い評判および/または訴訟を防ぐためには、正確で流ちょうな翻訳が不可欠である。さらに、アマゾンのウェブサイトや他の書評欄で良い書評を得られるよう読者の期待に沿うためには、高い水準の翻訳が必須である。

✅ チェックポイント

❶ 日本語や中国に翻訳された電子書籍を、日本と中国のユーザーが読むことができるのは「明白な事実」なので、仕様書に元の文のような記述は不要です。

❷ Accurate...で始まる文は大変長い文章で、構成も文法も複雑です。読む方は何度も最初に戻って確認しなければならず、結局この文が何を言っているのか分からなくなってしまいます。

❸ 「正確で流ちょう」というだけでなく、翻訳の「品質基準」についても高いレベルが求められていることを明確に示す必要があります。

❹ 仕様書の目的をよく考えた場合、「読者の期待に沿わない品質だと売り上げが下がる」等の一般論は不要なはずです。不必要な説明が加わることで、文章のキーメッセージ（本当に伝えたいこと）である「品質基準」がぼやけてしまって

いる例です。入れる場合は次のネイティブ例のように簡潔にすることを心がけましょう。

ロブソン教授のお手本

The original text needs to be written to a high standard of English. All typo errors need to be removed, and the grammar needs to be correct. Headings and subheadings of chapters and sections of the book need to be correct. There should not be any politically incorrect phrases or expressions, which could cause offence to particular groups in society. The inclusion of politically incorrect phrases or words could cause adverse publicity and/or legal action from certain groups and that would harm book sales. The book needs to be correctly and accurately translated from English to Japanese, and also from English to Chinese.

日本語訳
　原文は高い水準の英語で書かれていなければならない。誤字はすべてなくす必要があり、文法は正しくなければならない。本の章や節の見出しや小見出しは正確でなければならない。社会における特定の集団の感情を害するかもしれない差別的な言い回しや表現があってはならない。差別的な言い回しや言葉が含まれていれば、特定の集団による悪い評判および／または訴訟を生じさせる可能性があり、本の売り上げを損なうことになるだろう。本書は英語から日本語、そして英語から中国語に、正しく正確に翻訳されなければならない。

ネイティブのお手本の方は、冒頭から単刀直入に、

- 質の高い英語で書かれていなければならない。
- スペルミスはすべてなくさなければならない。
- 文法は正しくなければならない。

と、明快な文章で品質基準が端的に述べられています。

　ひとつの文章でひとつのメッセージを伝えており、誰が読んでもすぐに分かります。

　また、ひとつ一つの文の短さにも注目してください。**無駄な説明や表現は一切省かれています。**

　このように分かりやすい文章とは、いくつもの文をつなげたような複雑な文章ではないのです。

シンプルな方がメッセージの訴求力が増す

　相手に分かりやすい文章を書くためには、まずは英文の構造を理解した上で、実際の英文で使用される**頻度の高い基本パターンを頭に入れておく**のが早道です。

　日本語でも、より多くの言葉を使って複雑でぱっと読んでも分からない文章を「高級」と考える人が少なくありませんが、英語の場合、特にビジネスの場ではシンプルな文章の方がプロフェッショナルな印象が強くなり、メッセージの訴求力も増します。

　ここでもうひとつ例を見てみましょう。

ロブソン教授の添削塾 ∴ できるだけシンプルに書こう②

課題
日本政府が主催したアジア諸国の会合について書きなさい。

~~In~~ **❶ 2014 the Japanese government hosted a conference which had** ~~regards to the emergence of the global economy and to~~ **the objectives** ~~improve~~ **❷** ~~the importance of the positioning of the Japan as a developed country,~~ to improve mutual understanding **❸ Japan and Asian nations. Indeed, encouraging dialogue on key strategic** ~~of the nations in Asia, the government of Japan hosted a~~ **challenges in the region was the prime objective of the conference. Top** ~~conference in 2014,~~ gathering top executives in business
were assembled at the conference
intelligence and the international community, to gain expert consensus on the topic. ~~As a matter of fact, the ultimate objective was to encourage dialogue and discourse to focus on how international community should address key strategic challenges concerning the region.~~

日本語訳

　2014年に日本政府は、アジア諸国と日本の相互理解を深めることを目的とした会議を主催した。会議の最も重要な目的は、その地域における重要な戦略的課題についての対話を促進することであった。議題についての専門家の総意を得るために、ビジネスインテリジェンスや国際社会のトップエグゼクティブたちが会議に召集された。

✓チェックポイント

❶ 元の文は全体が長い上に前振りが長すぎるため、何を伝えたいのかが分かりにくくなっています。また、In regard to（〜については）は、ここでは特に意味を成していません。
❷ 日本が先進国であることは「明白な事実」なので、the Japan(ese government) as a developed countryは不要です。
❸ 無駄な部分を省くと、添削例のように簡潔で理解しやすい文章になります。

POINT
2 事実と感情を分けよう

求められるのは、「事実」中心の英語

　ビジネスや大学の課題用の英文を書くときに気をつけなければいけないのは、「事実と感情を分けて書く」ということです。
　日本語では客観的な文章を書くことができるのに、英語になるとなぜか**事実と感情をまぜこぜにした文章を書いてしまう**人が少なくありません。

　なぜこのようになってしまうのでしょうか。

　前述したように、日本の学校教育ではそもそも事実を中心に記述するいわゆる「客観的な文章」を書いて添削してもらう機会が多くはないということがあります。
　ましてや英語でそのような訓練を受ける機会は、ほとんど皆無といっていいでしょう。実際の「英語の現場」では、メモやメール、小論文、報告書などの「事実中心」の英語の方がはるかに重要なのですが、残念ながらそうした英文を書くトレーニングを積む場がないわけです。
　さらに、ほとんどの英会話学校では「会話」＝「おしゃべり」は教えていても、「第三者に客観的な事実を伝えるテクニック」は教えていません。海外と取引のある企業でも、駐在員向けの研修がなぜか「会話の練習」主体になっていたりします。

　それでは、「事実と感情を分けて書く」とは、具体的にはどういうことでしょうか？
　以下に、日本人生徒さんの英文を添削しながら見ていきましょう。

ロブソン教授の添削塾　事実と感情を分けよう

課題
あなたはオリンピックが東京で開催されることに賛成ですか？　自分の考えを書きなさい。

---

❶ It ~~I think~~ it is not ⟨a⟩ ~~good~~ idea ~~to do~~ host the Olympic ~~at~~ Games in Japan. Hosting the ❷ Games requires a huge sum of public and private expenditure. ~~Olympic use a lot of money thus~~ I do not think many ~~people happy. It is a big festival and it is not very interesting. A lot of people do not like festivals.~~

❸ believe the general public will happily support the idea. In addition, not all of the tax payers are big fans of sports. Some of them may not enjoy huge sports events.

❹ ~~In Japan, summer is hot.~~
I also doubt the economic impact of the Games towards the Japanese ~~Japan do not make a lot of money from Olympic. So I do~~ economy. ~~not like Olympic.~~

Moreover, the Japanese summer is hot and humid, which is not an ideal environment for the outdoor sports events.

日本語訳

　日本でオリンピックを開催することは良い考えではない。オリンピック競技大会を主催するには巨額の公費と民間支出が必要とされる。私はこの考えを一般市民が喜んで支持するとは思えない。加えて、すべての納税者がスポーツの熱烈な愛好者というわけではない。中には、大規模なスポーツイベントを楽しいと感じない人もいるかもしれない。その上、日本の夏は高温多湿で屋外のスポーツ競技には理想的な環境ではない。また、日本経済に対する大会の経済効果も疑わしいと思う。

✓チェックポイント

❶ 英語では I think（私は〜と思う）は、その人の心の状態を表すための表現であり、意見を表明していることにはなりません。I think と言われても、ネイティブは「そうですか、あなたの心はそう感じているんですね。だから、何が言いたいのですか？」で終わってしまいます。

❷ a lot of money では、具体的にどのぐらいのお金が必要であるかが分かりません。説得力を増すには、他のオリンピックの例を挙げて、具体的な金額＝「事実」を入れるべきでしょう（お手本を参照）。

❸ many people happy は文法的に間違っている上に、どの程度の人がハッピーだと感じないのかが不明です。世論調査の結果などを入れると文全体の説得力が増します。

❹ 単に「日本の夏は暑い」というだけでは、オリンピックとの関連性が見えず、文章の流れとしても不自然です。添削例のように「理由づけ」をすると、オリンピックとの関連性が明確な大人の文章になります。

ロブソン教授のお手本

Holding the Olympic Games in Japan is a bad idea. Hosting the Olympic Games is extremely expensive. For example, the final bill for the 2012 Olympics Games was £24billion, which was ten times higher than the original estimate. The high cost of the event will divide public opinion. Japan has a huge national debt, and the budget deficit is increasing the debt every year. The Olympic Games is a festival which is centred upon different sports. However, many people dislike sports and will not attend any of the events in the forthcoming Tokyo Olympics.

日本語訳

日本でオリンピックを開催するのはよからぬ考えだ。オリンピック競技大会の主催には巨額の費用がかかる。例えば、2012年ロンドンオリンピックの最終的な費用は240億ポンドで、最初の見積もりの10倍に上った。その行事にかかる高いコストは世論を分断するだろう。日本は巨額の国債を抱えており、財政赤字により毎年借金が膨らんでいる。オリンピック競技はさまざまなスポーツが一堂に会する祭典である。しかしながら、スポーツを好まない人も多く、今度の東京オリンピックのイベントには全く参加しないだろう。

I thinkよりI believe

　この課題では「オリンピックに賛成かどうか」の意見を求められていますので、「私はこのような意見です」という自分なりの主張や考えをはっきりと述べる必要があります。

　英語の世界では、「～のように思います」「～のように感じます」と言ったとしてもそれは「意見」というよりも「心象の表現」にすぎないため、意見や事実を述べる文章でI thinkを使うのは適当ではありません。

　I thinkの代わりに使える表現は、I believeやIn my opinionなどです。

　特にI believeは、政治的な立場や、議論になりそうなテーマ、タブーに対する意見などを表明する際に便利な表現です。自分の立場を明確に示すことになります。

　ネイティブ例では、

Holding the Olympic Games in Japan is a bad idea.
（日本でオリンピックを開催するのはよからぬ考えだ）

と書くことで、オリンピック実施に反対の立場であることを明確にしています

ので、I thinkは必要がなくなります。

I thinkは恐ろしく遠回しに言う場合に使う

　I thinkを使った文章は、ネイティブが読んだ場合に「なんだかまどろっこしいなあ」と感じてしまうので注意が必要です。

　意外に思われるかもしれませんが、英語圏は書き言葉だけでなく、実は話し言葉でもI thinkを使うことはそれほど多くありません。使うのは例えば、I think Mayumi should do the dishes.（マユミがお皿を洗った方がいいかもね…）のように、恐ろしく遠回しに自分の意見を言う場合です。

　話し言葉であってもI think...は「これはこうに違いない」「ワタシの意見はこうです」と主張することにはなりませんので、会議や議論の場で自分の意見を表明するのには向かないわけです。

　日本人はやたらとI thinkを連発するので、「一体あの人の意見は何なのか」と不思議がられることがあります。

「たくさん」は主観にすぎない

　また、日本人の生徒さんの文章には「客観的な事実やデータ」が不足しているのも問題です。
　オリンピック開催に反対する理由のひとつとして、

Olympic use a lot of money thus I do not think many people (are) happy.
（オリンピックにはお金がたくさんかかるので多くの人は不満だと思う）

と書かれていますが、これでは書き手が主観的に「たくさん」と感じた金額に

すぎないため感情論になってしまい、「事実」に沿った客観的な文章にはなりません。

In Japan, summer is hot. については、日本語であれば「日本の夏は暑い」とただ書いても、読み手が同じ日本人で同じ経験を共有しているため、それほど不自然になりませんが、英語の文章としては少々幼い感じがします。

添削例のように、

Moreover, the Japanese summer is hot and humid, which is not an ideal environment for the outdoor sports events.
（その上、日本の夏は高温多湿で屋外のスポーツ競技には理想的な環境ではない）

と、「〜だから不適格である」という「理由づけ」をすることによって、オリンピックとの関連性が明確な「大人の文章」に変身します。

POINT 3 　目的語を忘れずに

夫婦の会話を英語にしてみると…

　日本人の書く英文に顕著なのが、なくてはならない目的語を抜かしてしまうという悪い癖です。目的語がなくても日本語では意味が通じてしまうため、英語でもその癖が抜けない、というのが理由のひとつでしょう。

　例えば、日本語の場合は以下で話が通じてしまいます。

斉藤家の会話
お母さん「お父さん、いつ食べる？」
お父さん「あとで。8時ごろね」
お母さん「どこで？」
お父さん「うーん、リビング」

これを生徒のBさんに英訳してもらいました。

Mother: "Father. What time would you like to eat?"
Father: "Later. At 8 o'clock"
Mother: "Where do you eat?"
Father: "Well, living"

これを読んだロブソン教授、
「うーん…ずいぶんひどい会話の夫婦だなあ。いつ離婚するんだろう…」
と、あきれてしまいました。

この会話には目的語が抜けているために、英語としてなんだか変なのです。

ロブソン教授が添削すると、次のようになります。

Wife: "My beloved. What time would you like to have your dinner?"
(妻「あなた、夕食は何時ごろにしましょうか？」)

Husband: "Sometimes later. How about around 8?"
(夫「もう少しあとで。8時ごろはどうかな？」)

Wife: "Where would you like to have your dinner?"
(妻「夕食はどこでとります？」)

Husband: "Well, how about at the living room?"
(夫「そうだね、リビングではどうかな？」)

奥さんの問いかけの "Father. What time would you like to eat?" は、**「何を食べるか」が抜けている**ために英文としては不完全で、ずいぶんとぶしつけな言い方になってしまっています。

英語では「何を」は省略できない

英語では他動詞として使われている動詞の後に目的語を続けないと、文が完結しません。

目的語には直接目的語（何を）と間接目的語（誰に）がありますが、これらが必要な場合に抜けてしまうと、不完全な英文になってしまいます。

意味は通じなくはありませんが、「いかにも外国人の書いた英文」になってしまい、**仕事や学校の課題用の英文としては失格**です。

次に、欧州駐在中の日本人ビジネスマンが書いた報告書を見ながら、日本人が犯しがちな間違いを見ていきましょう。

ロブソン教授の添削塾　目的語を忘れずに

課題
フランスの工場を訪問した際の報告書を書きなさい。

I went to Poissy ~~factory~~ [a factory at] on October 4th to see Mr. White, an operation manager ~~at the factory~~. We entered [❶ his office] and we had a meeting for one hour. I asked [him what the] problem parts [❷ of the widgets are] and asked [❸ him], [them], how to fix [will be done]. The fix ~~is~~ by the ABC Helper Company ~~and it is finish at~~ [before] [the end of] October. Mr. White [will] give a report next week. I will explain [to] you ~~problem.~~ [❹ the full set of problems of the widgets.] Mr. White ~~say~~ [says the] people work hard and [are] very happy. I will visit [the] Poissy factory next year.

日本語訳
　10月4日に運用管理者のホワイト氏に会うためにポワシーの工場に行きました。私たちは彼のオフィスに入り、1時間ほど打ち合わせをしました。私は彼に、機械装置の問題の部品はどれか尋ね、その修理方法を尋ねました。10月末までにABCヘルパー・カンパニーによって修理がなされる予定です。来週、ホワイト氏が報告してくれます。その機械装置の一連の問題について、ご説明差し上げるつもりです。ホワイト氏は、(工場の)人たちは一生懸命働いており、とても満足していると言っています。私は来年、ポワシーの工場を訪ねる予定です。

✓ チェックポイント

❶「どこに入ったか」が抜けています。正しくは、We entered his office ...と、his officeを入れなければなりません。
❷「どの製品の」パーツが問題なのかが不明です。
❸asked how to fix.は2つの目的語が抜けています。「誰に聞くのか」「何を直すのか」を入れる必要があります。

❹ 日本人によく見られる「目的語が不完全」な文章です。英語では「何の問題か」をはっきり示さなければなりません。

ロブソン教授のお手本

On October 4th I went to a factory at Poissy to see Mr White, the operation manager. Mr White and I had a meeting for one hour at his office. I asked him what the problem parts of the widgets are, and I also sought his advice on how to fix the problem parts.

>>

日本語訳

　10月4日、私は運用管理者のホワイト氏に会うためにポワシーの工場に行きました。ホワイト氏と私は、彼の事務所で1時間ほど打ち合わせをしました。私は彼に機械装置の問題の部品がどれかを尋ね、また問題の部品をどのように修理すべきか助言を求めました。

>>

The ABC Helper Company has been given the contract to provide solutions to the problem parts. Their deadline is the end of October. Mr White will deliver a report on the problem parts which have been identified and the budget which has been allocated to pay the subcontractor to provide solutions. I will provide the Executive with a full commentary on Mr White's report, including any legal ramifications of the project.

>> p.56

日本語訳

　ABCヘルパー・カンパニーが、その問題部品の解決策の提供を請け負うことになりました。彼らの期限は10月末です。ホワイト氏は特定された問題部品についてと、解決策を提供する下請業者に支払うために割り当てられた予算について報告してくれます。私は幹部に、ホワイト氏の報告について、プロジェクトの法律上の面倒な問題も含めて完全な説明を致します。

p.55 >>

I am pleased to say that Mr White has indicated that the workforce at Poissy have an extremely high level of morale, and are more than happy with their remuneration and terms and conditions of employment. Next year I will visit Mr White at the Poissy factory to ensure that the deficient parts have been corrected within the financial budget and time constraints.

日本語訳

　おかげさまで、ポワシーの従業員の士気は非常に高い水準にあり、彼らが賃金や雇用条件に大変満足しているとホワイト氏が伝えてくれました。来年、私はポワシーの工場を訪ね、財務予算内で期限までに欠陥部品が修正されていることを確認します。

「誰に」「何を」「どこに」をチェックしよう

　目的語がきちんと入った英文を書くには、文章をいったん書き終えたあとに、動詞に対応する「誰に」「何を」「どこに」等の情報が抜けていないかどうか、声に出して確認してみるといいでしょう。

　このメモを書いたビジネスマンは、欧州本部に駐在中の品質管理課長です。海外の留学経験がなく、初めての海外駐在のため、このメモを書くのにもかなり苦労したそうですが、それでも多くの目的語が抜けており、残念ながら「いかにも外国人が書いた謎の文章」になってしまっています。

　日本語であれば、抜けている部分を読み手が適当に推し測って解釈してくれますが、残念ながら英語ではそれでは通りません。

「宇宙人の文章」にならないために

　一方で、文章全体が幼い印象で、丁寧な説明に欠けている点も問題です。例えば課長は、

> The fix is by the ABC Helper Company and it is finish at October.

と書いていますが、ネイティブ例だと、

> The ABC Helper Company has been given the contract to provide solutions to the problem parts. Their deadline is the end of October.（ABCヘルパー・カンパニーがその問題部品の解決を請け負うことになりました。期限は10月末です）

となり、この案件に詳しくない人でもABCヘルパー・カンパニーとこの会社の関係が分かります。
　このように、**読み手に配慮した丁寧な説明**も英語ではとても大事だということを気に留めておいてください。

　皆さん大人なので面と向かって口には出しませんが、この課長のメモが回ってくるたびに、読み手のネイティブスピーカーや欧州の英語が達者な人々は「また宇宙人の文章が回ってきたぜ」とうんざりしています。

POINT
4 英語として自然な表現を押さえよう

「受験英語」は小学生から中学生レベル!?

英語が母語ではない人が英文を書くと、文法や熟語は間違っていないのに、なんとなく英語として不自然な表現になってしまう、ということがよくあります。

その人にとっては外国語なので仕方ないのですが、ビジネスや業務用の文書、論文などのアカデミックな文章を書く場合には大きな問題になってしまいます。

例えば、かなり不自然な日本語で書かれたビジネス文書を目にしたら、「うーん、この会社に仕事を依頼するのはちょっと…」とちゅうちょすることでしょう。

PART 1でも述べましたが、このような不自然な英語を書くのは、受験英語にどっぷりと漬かってきた人に珍しくありません。なぜなら日本の入試に出てくる英語のほとんどが、教科書やパンフレットなど、英語圏では**小学校高学年から中学生が読むレベル**のものからの抜粋だからです。

例えば、どこかの企業の40代管理職が、ネイティブスピーカーの部下に、

I want you to finish this work tomorrow. I am in a hurry.
（この仕事を明日までに終わらせてくれ。急いでいるんだ）

と言ったとします。

確かに、英語として意味は通じますし、言われた方も理解するでしょうが、ネイティブにとっては、**まるでロボットのような不自然な英語**であるため、言われた方は「ああ、なんだかなあ」と思うことが少なくないのです。

実はこういうしゃべり方、海外で働く日本人、特に在住年数の少ない方がよ

くやってしまうことです。

　本人は受験英語を頑張ってきたので、文法的な知識などはあり、ある程度は話したり書いたりできるのですが、英語圏や多国籍な場所で**大人が使う表現や、ビジネスの場にふさわしい表現が分からない**のです。

「英語は日本語よりもシンプルな言語だから大丈夫」と根拠なく信じている方もおられるようですが、やはり、その人の立場や「場」に応じた自然な表現というのは、ビジネスを円滑に進める上で重要です。

　そのためには、PART 3およびPART 4で詳しく説明しますが、たくさんの英文に触れて自分のテンプレート表現を増やすのが一番です。

　以下に、部下を8人持つ企業の管理職が、自分のチームを激励するために送るメールを書くという課題を見てみましょう。

課題

Write an e-mail to your staff to congratulate their year of work. You are the head of the telecom team of an IT Dept. You have 8 members of staff. This year, they sacrificed a lot, working weekends and also in the evenings staying up until midnight, to implement their tasks. The tasks included the migration of the office, the migration of the computer centre, and the large scale system failure due to the severe network incident. They must work hard as well next year as the series of the projects are lined up.

日本語訳

　部署のスタッフに1年間の仕事をねぎらうメールを書きなさい。あなたはIT部門の電気通信チームの責任者で部下が8人います。今年、彼らは職務を遂行するために多くの休日出勤をし、深夜まで残業してきました。職務には、オフィスとコンピューターセンターの移転に加

え、深刻なネットワーク事故による大規模なシステム障害も含まれていました。来年も一連のプロジェクトが決まっているため、忙しく働かなければなりません。

英語圏の組織では、管理職や会社の幹部が部下やチームに対して率直に感謝を述べることが珍しくありません。
このとき、部下を率いる管理者として、丁寧かつ大人の表現を使うことが必要です。

ロブソン教授の添削塾 ⋮ 英語として自然な表現を押さえよう

課題
部下を8人持つ企業の管理職が、自分のチームを激励するためのメールを書きなさい。

---

❶ Friends and Colleagues,
Dear ~~Team~~,

❷ would like to take this opportunity to inform you how much I appreciate your work for the

~~I want to you to know you worked hard~~ past one year.
❸ Your achievements are excellent,　　　　❹ are pleased about
~~I think you did very well~~ and our customers ~~is very happy~~
the on-time delivery of our services.
~~because things was done right timing.~~ Specifically, I thank

you ~~to your work to do office relocation etc.~~

❺ Once again I would like to thank you all for your hard work and dedication to completing tasks to the highest standard within challenging time frameworks.

❻ ~~I know you worked night. And I heard that you worked on Sunday. I think you are tired.~~ Please have a good rest ~~on Christmas.~~

I hope that you all have a Merry Christmas and a Happy New Year with your families and friends and recharge your batteries ready for an exciting and challenging 2011.

❼ Kind Regards,
~~Thank you again,~~

Trevor Jones,

日本語訳
友人や同僚たちへ
　この場を借りて、この1年間のあなた方の仕事に私がどれだけ感謝しているかをお伝えしたく思います。あなた方の業績は素晴らしく、顧客はわれわれの時間通りのサービス提供に満足しています。厳しい時間の枠組みの中で仕事を最高水準に仕上げる皆さんの懸命な働きと献身に、あらためて感謝します。
　皆さんがご家族や友人と楽しいクリスマスと新年を迎えられますように、そして活気に満ちた挑戦の年、2011年に備えてゆっくり休めますように。
敬具
トレバー・ジョーンズ

✓ チェックポイント

❶ Dear Team, は文法的には間違いではありませんが、同僚や部下に対するメールとしては少し冷たい感じがするので、Dear Friends and Colleagues, とした方が自然です。

❷ 正しくは I want you to know ですが、いきなり I want... と書くのは丁寧ではありません。I would like to take this opportunity to...（この場をお借りして〜したいと思います）とすると、ぐっと洗練されます。

❸ スタッフがしっかり仕事をしたのは事実であって、この人の主観ではありません。Your achievements are excellent（あなた方の業績は素晴らしいです）の方が自然ですっきりします。

❹ are を使うべきところを is とするなど初歩的な文法のミスがある上、things was done（事がなされる）はビジネスメールとして適切な表現ではありません。
❺ Specifically（特に）が何を受けているのかが不明で、etc. もプロフェッショナルな書き方とはいえません。代わりに Once again... と感謝の言葉を繰り返すと、英語らしくプロフェッショナルな印象になります。
❻ 文章がブツブツと切れていて、いかにも外国人が書いた文章になってしまっています。添削例のように書き直した方がずっと自然です。
❼ 同僚や部下に書くメールに Thank you again, はカジュアルすぎます。Kind Regards, の方が適当です。

ロブソン教授のお手本

Dear Friends and Colleagues,

2010 has been a very busy and eventful year. I would like to take this opportunity to reflect upon 2010 and to convey to you all how much I have appreciated your hard work throughout the year.

The July network incident was one which was totally unexpected. Mr MacTavish from the Accounts department brought down the whole network by accidently uploading a contaminated file to his computer. Kevin and Jonathan worked marvels in containing and removing the virus. Sally and Karen did well to keep all departments aware of the situation and the time line on our resolution of the problems.

Throughout the year our company was not unique in having a whole series of attempted security breaches but with the continued updating of our software and the careful monitoring of the system I am pleased to say that 2010 went smoothly. At times it was necessary to work in the evenings and very unsocial hours and nobody complained.

>>

日本語訳

友人や同僚たちへ

　2010年はとても忙しく、いろいろなことがあった一年でした。この機に2010年を振り返り、一年を通しての皆さんの懸命な働きにどれだけ私が感謝しているかを伝えたいと思います。

　7月に起きたネットワーク障害は全く予想外の出来事でした。経理部のマクタビッシュさんがウイルスに感染したファイルを誤って自分のコンピューターにアップロードしたことで、ネットワーク全体がダウンしました。ケビンとジョナサンがウイルスを食い止めて除去するという驚くべき働きをしてくれました。サリーとカレンは、その状況と問題解決のスケジュールがすべての部署に認知されるよう、よくやってくれました。

　一年を通じて一連のセキュリティー侵害の未遂はわが社に限ったことではありませんでしたが、ソフトウェアの継続的なアップデートおよびシステムの慎重なモニタリングのおかげで、2010年は順調に推移しました。夜遅くまでの残業が必要なときもありましたが、誰ひとり不満を口にしませんでした。

>>

There were only 3 lost laptops by members of other teams in the company, and thanks to the new algorithm and software developed by Pete and Louise we know that the laptops were not cracked. After we placed £1,000 rewards on Twitter we recovered 2 of the lost laptops. The third laptop was found by Ms Brown in the Marketing department under a pile of papers on Mr Isaac's desk, and he sheepishly admitted that he would keep his desk tidy in the future.

The migration of the office from the Liverpool Building to the New Cambridge Building in September was well planned but the timetable was challenging. I would like to thank all of the team for working in shifts from Friday evening at 6PM until 6AM on Monday morning to ensure that the move went as smoothly as possible. We learned a great deal from that procedure and that ensured that when we moved the Computer Office in October we were able to have the move done in only 27 hours, without problems, which is a company record. Well done everyone.

>>

日本語訳

　遺失したノートパソコンは、社内の別チームのメンバーの3台だけで、ピートとルイーズが開発した新しいアルゴリズムとソフトウェアのおかげで、それらのノートパソコンは不正利用されていないことが分かっています。ツイッター上で1000ポンドの謝礼金を掲載した後、なくなったノートパソコンのうち2台を取り戻しました。3台目のノートパソコンはマーケティング部のブラウンさんがアイザック氏の書類の山の下から見つけ、氏は決まり悪そうに今後は机をきれいにすると言っていました。

　9月のリヴァプールビルからニューケンブリッジビルへの事務所移転は、よく計画されていましたが、日程は厳しいものでした。できる限り確実に順調に移動できるように、金曜の夕方6時から月曜の朝6時まで交替で作業をしてくれたことに、チーム全員に感謝したいと思います。われわれはその手順から多くを学び、おかげで10月にコンピューターオフィスを移転したときには、会社の記録となるわずか27時間で問題なく移動することができました。皆さん、よくやりました。

>>

I have had my quarterly meeting with Head Office and they have indicated that there are likely to be a number of big projects ahead in 2011. As you are all aware our company has now completed the successful takeover of our main rival which will result in the net increase in employees of our company increasing by 270 people. This will more than double our staff total. Head Office is allowing us to keep 4 members out of the 12 from the IT team of the company we have taken over. We will be interviewing them in January to decide which staff to retain.

Once again I would like to thank you all for your hard work and dedication to completing tasks to the highest standard within challenging time frameworks. I hope that you all have a Merry Christmas and a Happy New Year with your families and friends and recharge your batteries ready for an exciting and challenging 2011.

Kind Regards,

日本語訳
　四半期に一度の会議が本社でありましたが、来る2011年には大きなプロジェクトがいくつかありそうだと示唆されました。皆さんもご存じのように、わが社は主要ライバル社の買収に成功したことで270人の従業員が増えます。これにより従業員数は2倍以上となります。本社は、わが社が買収した会社のITチームの12人のうち4人を私たちが確保することを認めてくれています。働いてもらうスタッフを決めるため、1月に彼らを面接する予定です。
　厳しい時間の枠組みの中で仕事を最高水準に仕上げる皆さんの懸命な働きと献身に、あらためて感謝します。皆さんがご家族や友人と楽しいクリスマスと新年を迎えられますように、そして活気に満ちた挑戦の年、2011年に備えてゆっくり休めますように。
敬具

POINT 5 あいまいな表現を避けよう

英語は「行間」を読まない

　ネイティブが日本人の書いた英文を読んだときに一番困るのは、「あいまいな表現が多い」ことです。

　文法や単語の間違いに関しては、何となく推測できることが多いのですが、「結局何が言いたいのかが分からない」という文章が非常に多く、読みながら**「うーん、これは結局何が言いたいのだろう…」**と頭をひねってしまうことが少なくないのです。

　このような表現のことを、英語ではimprecise expressions（不明確な表現）と言います。

　なぜあいまいになってしまうかというと、**説明すべき事柄がきちんと入っていなかったり、説明自体が不十分**であったりするからです。

　日本語の文章というのは、ある程度「含み」をもたせて行間を読ませるような書き方をすることが少なくありません。それが特に顕著なのが、エッセーや小説などです。

　また、あまりはっきり書いてしまうと、日本語だとちょっとぶしつけな印象を相手に与えてしまうということもあります。

良い英文は、相手のことを考えた親切な文章

　ところが、英語の場合には「これは何々である」とはっきり言葉にしないと、読み手は分かりません。

　これは、日本人に比べて英語圏の人々は行間を読み「文章に直接書かれていない書き手の真意をくみ取る」という習慣がなかったり、そもそも読み手が英

語圏ともまったく異なる文化圏出身の場合には、何をどう読み取っていいのかが分からない、というのが理由として挙げられます。

英語で書かれた文章を日本語に翻訳しようとして、「なんだかいろいろ書いてあってくどいなあ」と思う方がいるかもしれませんが、それは**英語ではすべてを逐一言語化する必然性がある**ためです。

「書かなければ読み手は理解できない」という前提で英文は書かれているのです。

その意味で、良い英文というのは、読む人のことをよく考えた親切な文章といえるのではないでしょうか。

ロブソン教授の添削塾 ∴ あいまいな表現を避けよう

課題
ダイアナ妃とチャールズ皇太子の結婚式が日本でどう受け止められたかについて書きなさい。

~~Deceased~~ The deceased Diana, Princess of Wales, and ~~Crown~~ Prince Charles's ~~weddings of the royal wedding of Britain are famous in Japan.~~ and to a lesser extent the wedding of Prince Charles to Camilla Parker Bowles (The Duchess of Cornwall) are widely regarded by Japanese people as the most famous British royal weddings.

Princess Diana was very popular ❶ not just in Britain but also in Japan, and in many other countries around the world.

❷
~~It~~ listened to their weddings when done very grandly.
❸ my
To ~~I~~ regret, I was a child, and I didn't have the memory of
              ceremony
~~their~~ wedding ~~ceremonies~~ at that time.

the Prince Charles
and Lady Diana's

~~It started because the expression of~~ Prince William and
         Middleton exchanged their   s
the Kate ~~middleton took~~ a marriage vow in Westminster

Abbey.
        ── The boom started when

日本語訳

　プリンセス・オブ・ウェールズの故ダイアナ妃とチャールズ皇太子の結婚と、それには及ばないもののチャールズ皇太子とカミラ・パーカー・ボウルズ（コーンウォール公爵夫人）の結婚は、日本人にとって最も有名なイギリスのロイヤル・ウェディングとして広く知られている。ダイアナ妃はイギリスだけでなく、日本そして世界中の多くの国でも、とても人気があった。残念ながら私は当時子どもだったため、チャールズ皇太子とレディーダイアナの結婚式については覚えていない。

　ブームのきっかけは、ウィリアム王子とケイト・ミドルトンがウェストミンスター寺院で結婚の誓いを立てことである。

✓ **チェックポイント**

❶ 「ダイアナ妃は日本で**も**人気があった」と書かれていますが、ほかにどこで人気があったのかが示されていません。

❷ It が何を指すかが不明で、意味がよく分からない文章になってしまっています。

❸ To I regret を To my regret に、their wedding ceremonies を the Prince Charles and Lady Diana's wedding ceremony とすると、意味が通ります。

POINT

6 不必要な繰り返しを避けよう

繰り返しが多いのはpoor（貧弱）なスタイル

　日本人が書く英語にありがちなのが、同じ単語や表現を**必要以上に繰り返してしまう**というパターンです。

　これは相手にとって読みにくく、冗長な印象を与えてしまうばかりでなく、語彙や表現に乏しいために**幼い感じの文章**になってしまうという弊害も生じます。その結果、文章にメリハリやリズムが出ずに退屈な文になってしまい、相手の印象に残るメッセージを伝えることが難しくなります。

　このような「繰り返し」を英語ではrepetitionと呼びます。

　ビジネスでもアカデミックな文章でも、repetitionが多いのは「poor」（貧弱）なスタイルと考えられています。

　語彙力や表現力でその人の知性が測られてしまいますので、poor（貧弱）なスタイルの文章を書く人は尊敬されませんし、能力があるとはみなされません。

　次の例では、small business ownersという表現がなんと5回も繰り返し使われているためにくどいというだけでなく、平坦でひねりがない文章になってしまっています。

ロブソン教授の添削塾 不必要な繰り返しを避けよう①

課題
中小の出版社が大手と競争するのは難しいと言う業界関係者のコメントを紹介しなさい。

He told the press that it is difficult for the small business owners to compete with big publishing companies. Small business owners ~~do not have much money so that they~~ ❶are constrained by a lack of resources and that results in them paying low fees ~~cannot pay a lot of money~~ to writers ~~like big companies~~. ❷compared to what is paid by their larger competitors.

Also ~~small business owners have small number of~~ workers, they do not employ many typically run their businesses from cramped, and ~~small~~ offices.

They typically
~~Small business owners~~ have small ~~wear houses~~ warehouses too.

❸Thus, taken together the aforementioned resource constraints helps to explain why
~~So this is why it is difficult for~~ small business owners to are hindered in their ability
compete with big publishing companies.

日本語訳

　彼は報道陣に対して、中小企業の経営者が大手の出版社と競争するのは難しいと話した。中小企業の経営者は財源不足にしばられているため、大手の競争相手によって書き手に支払われる額に比べて低い報酬しか払えない。また、彼らは多くの従業員を雇わず、概して狭い事務所で事業を営んでいる。一般的に、倉庫も小さい。これらの資源の制約を考え合わせると、中小企業の経営者が大手の出版社に比べて競争力で劣る理由を説明するのに役立つ。

✅ チェックポイント

❶ do not have much money（お金があまりない）は、英語圏の感覚からすると小学生が書いたような表現で、大人の文章には見てもらえません。このような場合にはa lack of resources/funding（財源［資金］不足）を使うと便利です。

❷ like（〜のように）は書き言葉ではあまり使いません。in contrast to big companies（大企業と比較して）とするか、添削例のように書き直すと、ずっと大人びた英文になります。
❸ So（だから）で文が始まるのも書き言葉としては幼いので、Thus（従って）に置き換えるといいでしょう。

うまく「言い換える」のがポイント

　繰り返しを避けるには、類義語や同義語、異なる言い回しを辞書で調べながら書く習慣をつけることが大切です。

　今はインターネットを通じてさまざまな英文に触れることが可能ですので、普段から意識して類義語の検索サイト（75〜76ページ）などで使えそうな表現を探し、語彙力を磨いておくことも心がけましょう。

　また、例えば**2語以上の言葉を、ひとつの単語で置き換える**ことも有効です。「1語に置き換えるとしたら、何が使えるか」「置き換えた場合にきちんと意味は通じるか？」などと考えながら書くようにしましょう。

（例）
- a person（人）= one

- those companies（それらの会社）= they

- ~~Due to the fact that~~ As the product was excellent, the company became No.1 in the market.
（その製品は非常に優れていたため、その企業は市場でナンバー1になった）

- David went to Canada ~~in order to~~ to buy that car.
（デービッドはその車を買うためにカナダに行った）

- We are going to go to see the show ~~in the event that~~ if we win the Euro Millions.
  （ユーロミリオンに当たったら、私たちはそのショーを見に行きます。※ユーロミリオン＝欧州全土対象に販売される宝くじ）

📄 置き換えの例

- at present（現在のところ）
- at the present time（現在のところ） → now, currently, nowadays
- at this time（現在のところ）
- basic fundamentals（基本）→ fundamentals
- by means of（〜によって）→ by
- disappear from view（見えなくなる）→ disappear
- due to the fact that（〜という事実によって）→ as, because
- for the purpose of（〜を目的に）→ for
- if this is the case（もしそうなら）→ if so
- in conjunction with（〜とともに）→ with
- in order to（〜のために）→ to
- in regard to（〜に関して）→ regarding
- in the event of（〜の場合には）→ if, when
- in the process of（〜の過程で）→ during
- other than（〜以外は）→ except
- presently（現在）→ now
- prior to（〜より前に）→ before, until
- regardless of the fact（にもかかわらず）→ although
- repeat again（もう一度）→ repeat
- the rule provides that（規則上では）→ the rule says
- with respect to（〜について）→ about

ダイエットしてスリムな文章に

不必要な言葉や表現を取り除くことも重要です。**すでに述べたことや、文脈から推測できる事柄**はできる限り省きます。

（例）

- ~~There is a~~Another theory ~~that~~ tells the correlation between the groupthink and the corporate decision making.
（集団思考と企業の政策決定の相関関係を示すもうひとつの理論がある）

- The network administrator ~~is responsible for the monitoring and reporting~~ monitors and reports the attack to the company's network, systems and applications.
（ネットワーク管理者は会社のネットワークやシステム、アプリケーションに対する攻撃をモニターして報告する）

メッセージや事実の繰り返しもNG

単語や表現だけでなく、一度書いたメッセージや事実も繰り返すと、あまりよく考えられていない文章という印象を与えてしまいます。

必要がないのに何度も繰り返されるフレーズのことを、英語ではinflated phrases（大げさな言い回し）やempty phrase（中身のない言葉）と呼んで嫌います。

文学作品はまた別ですが、ビジネス文書や大学の課題などでは、すでに書いたメッセージや事実を繰り返すことは極力避けるようにしましょう。

ロブソン教授の添削塾　不必要な繰り返しを避けよう②

課題

安倍政権の経済政策、アベノミクスについて書きなさい。

It is believed that ~~Japan's~~ Abenomics is <ins>contributing</ins> to ~~recover~~ Japan's <ins>economic recovery</ins> ~~economy~~. However, as <ins>a</ins> numbers of economists <ins>have</ins> indicate<ins>d</ins>, the growing evidences shows that the policy does not boost up the economy, and it is believed to be a disaster for the aging economy. ❶ ~~The fact that the Abenomics to recover Japan's economy is now considered as not effective.~~ ❷ ~~Most of economists in UK that is a disaster.~~

日本語訳

　アベノミクスは日本の経済回復に貢献していると考えられている。しかしながら、多くの経済学者が指摘しているように、この政策が経済を促進しているわけではないということを示す証拠がそろいつつあり、高齢化する経済にとって最悪の事態だと考えられている。[アベノミクスは日本経済の回復に有効ではないと今では見られている。イギリスのほとんどの経済学者がそれを大失敗だとしている]

✓ チェックポイント

❶❷どちらも、最初の2つの文で述べられている内容と重複しますので不要です。❷は動詞が抜けているなど文法上の間違いもありますが、それ以前に書こうとしている文が本当に必要かどうか、書く前によく考えるようにしましょう。

■役に立つサイトや書籍

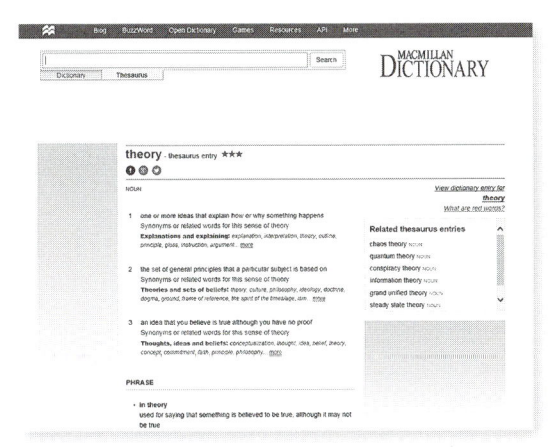

MacmillanDictionary.com
http://www.macmillandictionary.com/about_thesaurus.html

英語圏では有名な辞書サイト。類義語や同義語を探すのに便利です。

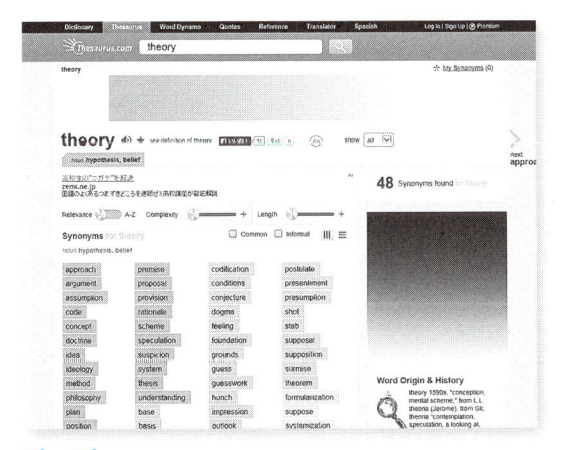

The Thesaurus
http://thesaurus.com

ずばり、類語に特化したサイトです。

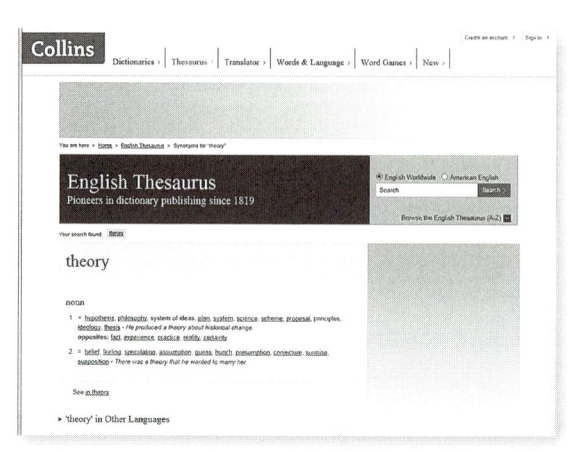

Collins Dictionary
http://www.collinsdictionary.com/english-thesaurus

英語圏でよく使われる辞書Collinsの類語検索サイトです。

Oxford Paperback Thesaurus

オックスフォード大学が出版している類語辞典です。初心者にも理解しやすい丁寧な内容で、読み物としても優れています。

Merriam-Webster's Vocabulary Builder

英語のボキャブラリーを増やすトレーニングのために使える本です。普段からこのような本に目を通すようにすると、語彙や表現が豊かになります。

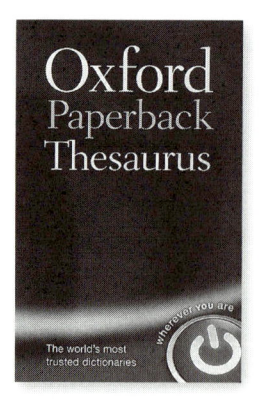

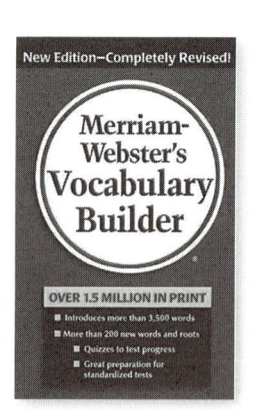

POINT 7 文章の長さをそろえよう

文の長さをそろえると洗練する

極端に短い文と長い文が交ざった文章というのは大変読みにくく、稚拙な印象を与えてしまいます。

日本人はやたらと短い文を、長い文に交ぜてしまいがちですが、文の長さのバランスを取ることで、より洗練された文章に仕上がります。

英文を書くときには、それぞれの文が大体何ワード程度になっているか、多少は気を配るようにしましょう。

ロブソン教授の添削塾 ∴ 文章の長さをそろえよう

課題
あなたがプロジェクトマネージャーを務めるプロジェクトの報告書を書きなさい。

I was a project manager of ABC project. The project was to build a new data centre in India. Although the strong support and engagement of the local suppliers and the endorsement of the local government, due to the heavy rain and unexpected change of the central government

(添削: a → an ABC; ❶ of ABC project → The project received; ❷ Although → However; change → nature)

regulatory changes, the project schedule ~~was~~ delayed ~~by~~ over 8 months ~~and that gave tremendous impact to the budgeting of the project.~~ This unexpected series of events resulted in the budget being exceeded.

日本語訳
　私はインドに新しいデータセンターを建設するABCプロジェクトのプロジェクト・マネージャーを務めた。当プロジェクトは地元供給業者の強力な支援と契約、そして地方自治体の承認を得ていた。しかしながら、豪雨と中央政府の予想外の規制変更により、プロジェクトのスケジュールは8カ月以上遅延した。この一連の想定外の出来事によって予算オーバーとなった。

✅ チェックポイント
❶ 最初の2つの文はあまりに短いためにぶしつけで幼い感じがするので、つなげてひとつにまとめます。
❷ 3つ目の文章はまた極端に長いため、ちぐはぐな印象を与えてしまいます。適度な長さになるように3つの文に分けます。

接続詞などを使って文をつなぐ

　上記添削例の❶のようにひとつの文章にまとめられるのに、わざわざ複数の文に分けてしまうことによって不自然な表現になってしまう、というのもありがちです。

　ネイティブが読むと、ブツ切れの文が並んでいるためにリズム感がなく、とても読みにくい文章になってしまいます。

　まとめられそうなものは**接続詞などを使って同じ文にまとめましょう**。

　ただし、いくつもの節を延々と並べて長い文にしてはいけません。他の文とのバランスを考えながら書くのがポイントです。

（例）

- The band was composed of singers of the main UK acts in the 60s who. They had hit songs and made fortunes.
（そのバンドは、ヒット曲で財を成した60年代イギリスを代表するシンガーで構成されていた）

- The project's budget exceeded the company's target. because Tthe data centre migration required the hiring of extra network engineers.
（データセンター移転のためにネットワークエンジニアを余分に雇う必要があったため、そのプロジェクトは企業の予算額を超えた）

主語をまとめる

最初の文の動詞の形を変えて主語を統合することで、2つの文をつなぐというテクニックも使えます。

（例）

- Studying Tom studied the latest project management method. He Tom lectured about this to his management team.
（トムは最新のプロジェクトマネージメントの方法を学び、これを自分のチームに講義した）

- The band lacked Lacking heavy songs that attract metal heads in UK. They, the band have invited the former producer of Slayer's album to revamp some of the songs.
（イギリスのメタルファンを魅了するヘビーな曲を欠いていたそのバンドは、何曲か改良するためにスレイヤーの元プロデューサーを迎えた）

- The pub has got With 200 years of history. It, the pub is a major meet and greet place for punk rockers in London.
（200年の歴史を持つパブは、ロンドンのパンクロッカーたちの主なたまり場だ）

📄 文をつなぐのに便利な言葉

❶「理由」を表す
- as（〜だから）
- because（〜だから）
- since（〜なので）

❷「時」を表す
- after（〜した後で）
- before（〜する前に）
- when（〜するときに）

❸「条件や譲歩」を表す
- if（もし〜なら）
- unless（〜でない限り）
- although（〜ではあるが）

❹ 2つの文の「関係性」を表す
- however（しかしながら）
- nevertheless（それにもかかわらず）

❺ 文をつないで「代名詞」の役割を果たす
- who（〜する人）
- what（〜するもの）
- which（〜するところの）

POINT 8 冠詞を正しく使いこなそう

「数えられる名詞」には冠詞が必要

日本人が最も不得意なもののひとつに冠詞 (article) の使い方があります。

冠詞とは、名詞、もしくは名詞的な働きをするフレーズの前に置かれ、それらを修飾することで、意味をより明確にするという**大変便利なもの**です。

英語の冠詞にはたった2種類しかありません。そう、定冠詞 (definite article) と不定冠詞 (indefinite article) ですね。定冠詞のthe、不定冠詞のa/anを使い分けることで、日本語のようにいろいろな説明を加えなくても、名詞 (や名詞的なフレーズ) に意味を付け足すことができるわけです。

一方で、この冠詞の使い方ひとつで文の意味が大きく変わってしまうこともありますので、注意しなければなりません。

次の例では、冠詞の多くが誤った使い方をされてしまっています。

ロブソン教授の添削塾 ── 冠詞を正しく使いこなそう

課題
東日本大震災後の体験をエッセーにまとめなさい。

After disaster, I saw many people bought up preserved products, toilet food, paper and so on in supermarket. In fact, I wanted to buy a rice because I was out of it.

❶ the
there was widespread panic buying of
❷ supermarkets. Having run out of staple food,
❸ bag of
a carton of milk, and a loaf of bread

I ~~went to~~ ⟨visited,⟩ 5 stores, but I could not buy ~~the rice~~ ⟨any one of the aforementioned items,⟩. I ~~thought~~ ⟨believed⟩ most of people from Tokyo were not disaster victims; however, ~~they could not live as usual~~ ⟨the majority of them, carry on their day-to-day lives in a normal way.⟩ ~~This was a chance to reconsider how to build relationships with friends and to live. I mean that in order to make clear what it is important to me.~~ My ❺ colleagues went to ⟨the⟩ office ~~next~~ ⟨the⟩ day ~~of~~ ⟨after the⟩ disaster but it was difficult for many of them to take ~~a train~~ ⟨trains⟩ so they walked ⟨to the office⟩. ~~Normally,~~ ⟨Most,⟩ small Japanese ~~company does not have many members so people have~~ ❻ ⟨companies because of their small size require their staff⟩ to work even ~~there is~~ ⟨if⟩ ⟨a⟩ disaster.

日本語訳

　震災後、スーパーでは保存食品やトイレット・ペーパーなどを買う（人たちで）パニックが広がっていた。主食が底をついたため、私は米をひと袋と牛乳1パック、そしてパンを1斤買いたいと思った。5つの店舗に行ったが、前述の品のいずれも買うことができなかった。私は東京の人のほとんどが被災者ではないと考えていた。しかし、彼らの大多数が普段通りに日常生活を送ることができなくなっていた。私の同僚たちは震災の翌日に会社に行ったが、彼らの多くは電車に乗るのが難しかったために会社まで歩いた。ほとんどの日本の小さな会社は小規模であるゆえに、災害が起きても社員に働くことを要求するのだ。

✓ チェックポイント

❶ disaster（災害）は、ここでは数えることができる「可算名詞」なので、冠詞が必要です。一般的な災害のことではなく、東日本大震災のことを指しているので、the disasterとtheを入れなければなりません。

❷ ここでは「ある特定のスーパー」を指しているわけではないので、supermarketsと複数形にします。

❸ rice（お米）は数えることができない「不可算名詞」ですので、そのまま冠詞をつけることはできません。このような場合は「ひと袋の」などの「集合体」で数えます。必要なのは「ある特定の品種のお米」ではなく一般的なお米なので、aを入れてa bag of riceとします。

❹ peopleは常に複数扱いするグループ名詞で、この場合は「特定の場所などに属する住民」という意味で通例the を伴ってthe people from Tokyoのように使います。

❺ officeは「数えることができる名詞」なので冠詞が必要です。本人が勤めている「特定のオフィス」を指しているのでtheを入れ、正しくはwent to the officeです。

❻ companyは、「会社」の意味で使う場合は可算名詞になりますが、(「交際」「仲間」などの意味で使われる場合は不可算名詞) ここでは日本の小さな会社全般を指しているので、small Japanese companiesとします。

日本語には冠詞の概念がないので、英語学習の上級者でも冠詞を抜かしてしまいがちです。文の中に名詞が出てきたら少し立ち止まって「この名詞には冠詞が必要かどうか？」を考えてみましょう。

基本的に、数えることができる「可算名詞」には冠詞が必要であり、**特定のものを指す場合は定冠詞のthe**が、**不特定のものの場合は不定冠詞のa**がきます。

なお、このエッセーの課題は「体験」を書くことですが、This was a chance... it is important to me. の2つの文は当時の自分の感想であるため、文のつながりが悪くなってしまいます。

冠詞の使い方のルール

冠詞は名詞の直前、もしくは名詞を形容する形容詞の前につける。
- the dog（その犬）, the big dog（その大きな犬）
- a lady（ひとりの女性）, a young lady（ひとりの若い女性）
- an apple（リンゴ［ひとつ］）, an appetizing apple（おいしそうなリンゴ）

a, an のルール

(1) 名詞もしくは名詞的に使用するフレーズが一般的な事柄の場合、もしくは特定のものを指さない場合に使う。
- David bought a book.（デイビッドは本を一冊買った）

(2) 初めが母音（A、E、I、O、U）で発音される名詞の前には、a ではなく an を使う。スペリングではなく、あくまで発音である点に注意が必要。
- an egg（卵をひとつ）
- an hour（1時間）　＊スペルはHだが発音は「アワー」なのでan
- an honest person（正直な人物）　＊スペルはHだが発音は「オネスト」なのでan
- an antique necklace（アンティークの首飾り）
- an Indian（ひとりのインド人）
- an unusual house（一風変わった家）
- an Irish boy（アイルランド人の少年）

スペルがU、Oであっても、発音が「ユ」「ワ」の場合はaをつける。
- a union（ある連合）
- a U.S. school（アメリカの学校）
- a used car（一台の中古車）
- a one-armed person（片腕の人物）

the のルール

(1) ある特定の人や事柄を指す名詞（句）には the をつける。
- You are the best person in the world. （あなたは世界一素晴らしい人だ）
- Tom is the student who is in charge of the project.
  （トムはそのプロジェクトを担当する学生だ）
- Black Sabbath was the most popular band in the 70s.
  （ブラック・サバスは70年代に最も人気があったバンドだ）
- The police abused the residents. （警察は住民を虐待した）

(2) ひとつしかないものや現象には the をつける。
　　the sun（太陽）, the Pope（ローマ法王）, the sky（空）

(3) すでに出てきている人物、場所、事柄などには the をつける。

(4) the をつけることが慣用になっている名詞には the をつける。
　　the Beatles（ザ・ビートルズ）, the Cold War（冷戦）

(5) 一部の例外を除き、大陸、国、地域（州や県）、街、通り、湖、山、島の名前には the をつけない。
　　Asia（アジア）, Europe（ヨーロッパ）, Japan（日本）, Miami（マイアミ）, Yokohama（横浜）, Mount Fuji（富士山）, Kanda（神田）, Liverpool Street（リバプール・ストリート）

〈例外〉
　　the United States（アメリカ合衆国）, the Philippines（フィリピン）, the Netherlands（オランダ）, the Rockies（ロッキー山脈）, the Matterhorn（マッターホルン山）, the Canary Islands（カナリア諸島）

(6) 海、河川、湾、地球のある一定の部分、地理的区分、砂漠、森、半島には the をつける。

the Pacific Ocean（太平洋）, the Black Sea（黒海），
the Korean Peninsula（朝鮮半島）, the Sea of Japan（日本海），
the Middle East（中東）, the North Pole（北極）, the West（西洋），
the Persian Gulf（ペルシャ湾）

POINT

9 能動的に書こう

キーメッセージを単刀直入に伝える

英語で何かを主張したい場合には主語が「誰」なのかを明確にし、能動的な表現を使って訴えます。

科学的な論文や政府の文書、発言の責任を明確にしたくない場合やあいまいな表現にしたい場合は、無生物主語を使い「何かが（人に）～させる」「何かが（人に）～させない」のように受け身の表現を使うこともあります。

しかし、日本人は往々にして明確な主張をすべき場合でも、受け身の表現を使ってしまうことが少なくないため、キーメッセージ（最も伝えたい内容）がうまく伝わらないことがあります。

キーメッセージを単刀直入に伝えるには、**能動的な表現を使うと効果的**です。

次の例は、日本の総務省の白書からの抜粋ですが、it is...that という形式主語を用いているために大変分かりにくい文章になっています。

ロブソン教授の添削塾 ∴ 能動的に書こう

英文の内容

「アプリケーションの個人情報保護に関する方針の対応状況および課題」についての総務省の白書の一部。(http://www.soumu.go.jp/main_sosiki/joho_tsusin/eng/presentation/pdf/Summary_II.pdf)

Chapter 2　Response Status and Challenges over Privacy Policies for Applications

With consideration to the Guideline for Handling Smartphone User Information, it is desirable that application providers prepare and announce privacy policies for the applications in advance, and post the privacy policies in easy-to-see places or specify hyperlinks to the privacy policies in order to ensure the handling transparency of user information.

日本語訳
2章　アプリケーションの個人情報保護に関する方針の対応状況および課題
　「スマートフォン利用者情報の取り扱いに関するガイドライン」を考慮すると、アプリケーション提供者は事前にそのアプリの個人情報保護に関する方針を準備のうえ公表することが望ましい。利用者情報の取り扱いの透明性を確保するため、それらの個人情報保護に関する方針は見やすい場所に掲示、またはリンクを明示することが望ましい。

　この英文を能動的に書き替えると、以下のようになります。

ロブソン教授のお手本

Based on the Guideline for Handling Smartphone User Information, the application providers should prepare and announce privacy policies for the applications in advance. Furthermore, they should post the privacy policies in prominent places or show hyperlinks to the privacy policies. This will ensure that users have a smooth experience.

> **日本語訳**
> 「スマートフォン利用者情報の取り扱いに関するガイドライン」に基づき、アプリケーション提供者はそのアプリの個人情報保護に関する方針を準備のうえ公表すべきである。さらに、彼らはそれらの個人情報保護に関する方針を人目につきやすい場所に掲示するか、そのリンクを示すべきである。こうすることによってユーザーの使いやすさが保証されるだろう。

原文はit is desirable that（～が望ましい）と、いまいちはっきりしない表現になっていますが、ネイティブ例の方はthe application providers should（アプリケーション提供者は～すべきである）とはっきり書いています。

このように書き換えることで、自信をもって書いているという印象を読み手に与えることができますし、書いたことに責任を持ちますよ、という意思の表明にもなります。

POINT

10 業界用語(buzz word)に注意

buzz wordは定義がはっきりしない場合が多い

業界用語や隠語(buzz word/jargon)、陳腐な表現(cliché)は、**極力避けるのが懸命**です。

読者が限定されていたり、専門家向けの文章の場合は使っても問題ありませんが、不特定多数に向けた文章や、会社で他部署にも回覧するような文書の場合は、誤解を避けるためにも使用しない方が安全です。

もし使う場合には、その言葉の後に定義を入れることをお勧めします。

以下は、そうした表現を多用した文章の例です。
さっと読んでみて、すぐに意味が分かるか考えてみてください。

ロブソン教授の添削塾 業界用語(buzz word)に注意

英文の内容
ビジネス戦略について書かれたメモ。

Peter's strategy is to proceed with the ①gamification of his ②platform, to move his company to ③the next paradigm and be the top of the ④UGC. Another of his goals is to increase the ⑤value proposition of the service, ⑥leveraging the ⑦big data solution. This is a whole new ball game for his business. The initial capital was raised through crowdfunding, however, investors are asking him to pivot the strategy, utilizing MI system and hiring data mining specialists. He is planning to reach out the clients next week.

日本語訳
　ピーターの戦略は、彼のプラットフォームのゲーミフィケーションを進め、自分の会社を次のパラダイムに移行させ、ユーザージェネレーテッドコンテンツの頂点に立つことである。彼のもうひとつの目標は、ビッグデータのソリューションを拡大し、そのサービスが顧客に提供できる価値を高めることである。これは彼のビジネスにとって全く新しい状況だ。初期資本はクラウドファンディングによって集めたものの、投資家たちは彼に戦略の方向性を変え、経営情報システムを活用してデータマイニングの専門家を雇うよう求めている。彼は来週、顧客とのミーティングを計画している。

✓ **チェックポイント**

❶ **ゲーミフィケーション**
　日常生活におけるさまざまな作業や仕事をコンピューターゲームのような面白いものにすること、コンピューターゲームの製作で蓄積されたノウハウを使って問題を解決すること。

❷ **プラットフォーム**
　コンピューターのハードウェアやソフトウェアの基盤になる部分。英語圏では業界内でしか通用しない単語の代表です。一般の人には分からないという意味で、悪い表現の典型。

❸ **次のパラダイム**
　次の時代という意味。パラダイムは理論的枠組のこと。

❹ **ユーザージェネレーテッドコンテンツ**
　インターネットユーザーが自ら作成した文章、画像、動画などのこと。

❺ バリュープロポジション

　企業が顧客に提供できる価値、顧客から見て価値のあるもの。

❻ レバレッジ

　機会や利益を拡大するという意味。元は「てこの作用」の意。

❼ ビッグデータ

　巨大なデータの集合。一般の人に通じない定義があいまいな、典型的なバズワードです。

❽ ソリューション

　解決策のこと。

❾ 新しい野球のゲーム

　「全く新しい状況」の意。

❿ クラウドファンディング

　ウェブサイトなどを通して不特定多数の人がビジネスや非営利活動などに資金を提供する活動のこと。一般の人には通じず、業界内でも定義があいまいです。

⓫ ピボット

　方向性を変えること。

⓬ MIシステム

　経営情報システムのこと。

⓭ データマイニング

　大量のデータを解析して網羅的に使用すること。

⓮ リーチアウト

　ミーティングをもつこと。最近流行のビジネス用語の代表例。金融やコンサルティングの業界では使われますが一般の人には通じません。

　これらの用語は一般の人々に浸透していない上、定義がはっきりしない言葉が少なくないため、読んでも意味が分からなかったり、書き手が言いたいことが伝わらない可能性があります。

　その多くは**もっと分かりやすい言葉に置き換えることが可能**です。

例えば、

- value proposition　→　value for the customer
- new ball game　→　new situation
- reach out　→　meet

とした方が、読者に伝わりやすい文章になるでしょう。

「アメリカ発」の英語は古い!?

　こうした表現の多くはアメリカ生まれです。イギリス英語圏とは異なり、アメリカ英語の世界は新語の開発にオープンです。流行に敏感な人たちはそうした言葉に飛びつき、早いうちから意味を理解しますが、イギリス英語圏では新しい言葉を取り入れるのにタイムラグがあります。

　意外に思われるかもしれませんが、アメリカ発祥の表現というのは、イギリス英語圏の人々には、少々**古い言葉に聞こえる場合があります**。また、イギリスでは使われなくなった古い言葉が、アメリカで使われている場合もあるのです。

　イギリス英語圏は、イギリスの旧植民地であるアフリカや中東、南アジア、イギリスと距離的に近い大陸欧州（イギリスなどの島国を除くヨーロッパ大陸諸国）なども含みますので、案外**多くの人々がイギリス英語を使っている**点に注意が必要です。

Column ── 1

土地による英語の違い

英語とひと口に言っても、土地によって大きな違いがあります。日本人の多くは、アメリカ英語を基本にした教育を受けます。日本で出回っている英語の教材のほとんどもアメリカ英語をベースにしたものです。ところがアメリカやカナダの英語と、イギリスやイギリス旧植民地の英語、さらに大陸欧州や中東、アフリカの英語というのは実はずいぶん違います。

英語表現には、それぞれの国の経てきた歴史の違いが反映されています。
イギリス英語の書き言葉は若干回りくどい表現が多かったり、シェークスピアなどの古典を引用したりして、アメリカ英語に比べると丁寧な表現が多いかもしれません。私立学校出身者だとギリシャ語やラテン語、フランス語などをちりばめた文章を書くことが少なくありません。

また、イギリスの旧植民地の多くは今でもイギリス式の英語が公用語になっており、国によっては植民地時代のクラシカルなイギリス英語を使っている場合もあります。例えば、教育レベルの高いインド人と話すと、古典的な英語表現を使うことがあります。これはブラジルに渡った日本人の子孫が、古風な日本語を使うことがあるのに似ているかもしれません。言葉がその当時の状態で保存されてしまっているわけです。

一方アメリカはと言うと、国民の大半が移民かその子孫であり、アメリカ英語というのは、さまざまな土地から集まってきた移民が理解できるように単純化された英語に移民たちの母語、そして初期のころアメリカに移住してきた水夫、農民、奴隷などの方言が交ざって出来上がった言葉です。イギリスには存在しなかった多くの人々の言葉が合わさって出来たのがアメリカ英語、というわけです。ある意味、人造的な言葉なのです。

移民国であるカナダ、オーストラリア、ニュージーランドの英語も、アメリカ英語と似たような背景を持っています。ただ、オーストラリアとニュージーランドの場合は、イギリスとの歴史的なつながりが強かったりイギリス系移民が多いため、イギリス的な表現や単語を使うことが少なくありません。

英語的思考で書くための「実践講座」

英語的なロジックの組み立て方

PART 3

まず、日本語の作文から見直そう

なかなか結論にたどり着かないのはNG

ネイティブが日本人の書いた英文を読んだときに感じるのは、そもそもその文章が**母国語で書かれていたとしても、意味不明なのではないか**、ということです。

日本人の生徒さんにビジネスの報告書を書く英作文の課題を出すと、まず一般論が長々と書き連ねてあり、次に自分はどう思うかが書かれた後に、何ページも読んでやっと結論にたどり着く、ということがよくあります。

そのような文章は「構造化」されていないために読む方も苦痛ですし、何が言いたいのかよく分からないのです。

「人を説得する」文章を書くべし

残念ながら現在の日本の学校教育では、「作文」の授業はあるものの、ごく一部の学校を除いて「迅速かつ正確に、自分の意見や情報を相手に伝える」訓練、つまりビジネスの現場で通用するトレーニングがほとんどなされていません。

これは誰が読んでも分かりやすく、余計な推測をする必要なしに短時間でさっと読める、いわゆる「**人様に迷惑をかけない文章**」を書く訓練、という意味です。

日本の学校教育における「作文」の授業というのは、自分の気持ちや感想をだらだらと書くだけで、「人を説得する」「他人に読ませる」ための技術を身につけるという視点が抜け落ちているのです。

また、人前で発表やプレゼンテーションを行ったりして、その場で厳しい批評を受ける、という場も設けられていません。

こうした他人の厳しいレビュー（批評）がなければ、なかなかビジネスの現場で通用する文章を書けるようにはなりません。

　さらに、他人の厳しい評価を受けて、瞬時に回答するという訓練を積まないと、頭をフル回転させてその場で投げかけられた**質問をやり込めたり、相手を説得したり**、プレゼンの前に文章のロジックや出典を厳しくチェックするという習慣も身につかないのです。
　こうした経験がない人には、客観的な評価と誹謗中傷の違いが分からないため、人間関係をこじらせてしまったり、逆に他人に対して（批評するかわりに）誹謗中傷してしまうことになりかねません。

ベストプラクティスを「真似っこ」しよう

　ビジネスの現場やアカデミックな世界で書かれる英文の多くは、「人を説得するため」「自分の意見や事実を正確に伝えるため」に書かれます。
　どうすればこのような英文を書くことができるようになるでしょうか。

　一番の近道は、**良い文章をたくさん読み込んで「真似っこ」する**、ということです。
　さらに、そのような良い文章を悪文と比較してみることも大事です。
　比較することによって、どこをどう書くべきか、何をやってはいけないか、ということがよく分かるわけです。

　コンサルティングファームやビジネススクールでは、さまざまな会社の成功事例（ベストプラクティス）を集めてきて、「どうしたらビジネスが成功するか」を研究するわけですが、それと同じことです。
　つまり、文章版の「ベストプラクティス・スタディ」ですね。
　ただし、良い事例や成功事例を集めるには、ある程度の**経験とカンが必要**です。

不特定多数に向けて書かれている文書を研究しよう

「白書」はプロの技術の宝庫！

さて、日本語の場合、そうした文章の「ベストプラクティス」はどこを探せばよいでしょうか？

まず、お勧めするのは、政府が出している「白書」です。

「白書」はネットで公開されていますので、誰でも簡単に見ることができます。さらに、誰が読んでも分かるように**平易な日本語で、論理的な文章で書かれています。**
これを書いている人たちは、いわば「客観的な文章を書く」プロ中のプロですので、その技術がぎっしり詰まっているわけです。

ここで、内閣府がまとめた「男女共同参画白書 平成25年版」の第1節（99ページ）を見てみましょう。
この文書は誰が読んでも分かるように、努めて平易な日本語で書かれていることにお気づきでしょうか。

書き手の「主観」は必要ない

政府の文書は不特定多数の人の目に触れるため、分かりやすく書かれていることが必要不可欠です。

次に、「〜だと思う」などといった「主観的な表現」が一切ありません。
娯楽用のエッセーや小説ではないので、書き手の主観は必要がないわけです。「〜だと思う」を多用しがちな人は、その点に注意して読んでみてください。

第1節　経済再生における女性の役割

1. 我が国経済を取り巻く状況
　我が国の経済や社会の構造は，バブル経済崩壊後の20年ほどの間に，大きな変化を遂げている。これを（1）経済全体の変化，（2）企業・雇用面での変化，（3）世帯における変化，の3つに分けて概観する。

（1）経済全体の変化
　我が国経済は，バブル経済崩壊後の低成長とデフレの持続と並行して，経済のサービス化とグローバル化の進展等，その構造が大きく変化している。<後略>

（2）企業・雇用を取り巻く環境の変化
　耐久消費財が広く普及した今日，個人や世帯の消費は横並びから個人の嗜好に基づくものへと変化し，製造業の生産形態は少品種大量生産から多品種少量生産への移行という大きな流れが続いている。また，生産技術や情報通信技術（ICT：Information Communication Technologies）の発展・普及に伴い，製造作業や事務作業における定型業務が効率化され，就業者の業務も知的作業中心へと変化している。<後略>

（3）世帯を取り巻く環境の変化
　世帯構成や家計においても変化が起きている。
　世帯構成の面から見ると，典型的な核家族という印象がある夫婦と子供から成る世帯は，近年減少が続いている。<後略>

(http://www.gender.go.jp/about_danjo/whitepaper/h25/zentai/html/honpen/b1_s00_01.html)

　さらに、大見出し（1. 我が国経済を取り巻く状況）の内容が小見出しの(1)(2)(3)で説明されるという**論理的な構造**になっています。

論理的な構造に着目しよう

　英語圏の行政機関の文書も、同様に論理的な構造になっています。次の例は、イギリス情報通信庁（Ofcom）のいわば「自己紹介」文です。

　これは納税者に向けて書かれたものですが、**外国人である私たちが読んでも、表現が大変分かりやすい**ことに驚かれるのではないでしょうか。

　まず最初の文で「Ofcomはイギリスの通信を規制する監督官庁です」とシンプルに書かれています。

　次に「私たちはテレビとラジオのセクター、固定電話事業者、携帯電話、郵政サービス、そして無線機器が使用する電波を規制監督しています」と続きます。

　内閣府の白書と同じく、まず何かを定義したら、次に定義されたことについて説明がなされるという論理的な構成になっているため、読み手は混乱しないわけです。

📄 What is Ofcom?

Ofcom is the communications regulator in the UK.

We regulate the TV and radio sectors, fixed line telecoms, mobiles, postal services, plus the airwaves over which wireless devices operate.

We make sure that people in the UK get the best from their communications services and are protected from scams and sharp practices, while ensuring that competition can thrive.

Ofcom operates under a number of Acts of Parliament, including in particular the Communications Act 2003. Ofcom must act within the powers and duties set for it by Parliament in legislation.

The Communications Act says that Ofcom's principal duty is to further the interests of citizens and of consumers, where appropriate by promoting competition. Meeting this duty is at the heart of everything we do.

Accountable to Parliament, we set and enforce regulatory rules for the sectors for which we have responsibility. We also have powers to enforce competition law in those sectors, alongside the Competition and Markets Authority.

Ofcom is funded by fees from industry for regulating broadcasting and communications networks, and grant-in-aid from the Government.

(http://www.ofcom.org.uk/about/what-is-ofcom/)

日本語訳
Ofcomとは何か？

　Ofcomは、イギリスの通信規制監督官庁です。

　私たちはテレビやラジオ業界、固定電話事業者、携帯電話、郵便サービス、そして無線機器が使用する電波を規制監督しています。

　私たちはイギリスの人々が確実に通信サービスから最大の恩恵を受け、悪徳商法や詐欺行為から守られると同時に、競争が促進されるようにします。

　Ofcomは、2003年通信法をはじめさまざまな法律の下で運営されています。Ofcomは議会で制定された法律が定める権力と任務に従います。

　この（2003年）通信法はOfcomの主要な任務を、市民と消費者の利益を促進し、必要に応じて業界の競争を促すこととしています。この任務を果たすことが、われわれの中心的な役割なのです。

　われわれは監督責任がある業界に対して規制ルールを定めて施行し、それらについて議会への説明責任があります。われわれは競争及び市場当局とともに、それらの業界において競争法を執行する権力も有しています。

Ofcomは、放送および通信網を管理して業界から徴収した費用と、政府の助成金で運営されています。

経済記事はヒントの宝庫

最大限の情報量を簡潔に伝えるテクニック

次にお勧めするのは、**経済系のニュース、雑誌や新聞**です。

経済系のニュースというのは、読み手がビジネスマンや経済情報を必要とする専門家、研究者など忙しい人々なので、簡潔な文章で最大限の情報量を伝えるテクニックが駆使されています。

ここでは経済・金融情報の通信事業を手がけているブルームバーグ社のニュースを見てみましょう。

同社は独自の情報プラットフォームを使って経済情報を投資家等に販売している、アメリカの大手総合情報サービス社です。

その記事は客観的で、専門家が迅速に情報を咀嚼できる書き方で書かれており、ほとんどが**英語的な文の構造**で書かれています。

英語的な文の構造とは…？

最初の段落は「リード」と呼ばれる、見出しに続けて記事の内容を要約した文章ですが、「誰が何を言っているか」という情報を盛り込んでありますので、リードだけ読めば**何のニュースかが一発で分かる**ようになっています。

2段落目と3段落目では、そのニュースを裏づける専門家のコメントが続きます。

リードを読んで興味を持った人が詳細を知りたい場合には、先を読めば詳しいことが分かる、という構造になっているわけです。

　また、「カンピーナス大学の気象・気候調査農業応用センターでブラジルの長期的な気候を研究するヒルトン・シルベイラ・ピント氏」と書くことで、この分野の知識がない人でも、ピント氏が誰なのかがすぐ分かるように書かれています。

ブラジルの農地、温暖化で大移動の可能性も —— 干ばつが示唆か

　4月17日（ブルームバーグ）：地球温暖化が続けば、ブラジルでは農地と農業労働者が気候がより穏やかな地域へと大移動する可能性があるとの見方を、同国の気候研究者らが示した。

　カンピーナス大学の気象・気候調査農業応用センターでブラジルの長期的な気候を研究するヒルトン・シルベイラ・ピント氏は、干ばつによって今年の穀物とコーヒー牛豆の生産が減少する見通しで、温暖化が既にブラジルの農作物に影響を及ぼしていることを示していると指摘。「将来を示唆している」と述べた。

　ピント氏が共同執筆した調査結果によれば、気候変動に伴って耕作可能な農地が減るため、温暖化傾向によりブラジルの大豆生産は2020年までに最大24％、小麦生産は41％、それぞれ減少すると予想される。＜後略＞

(http://www.bloomberg.co.jp/news/123-N47IL36TTDSF01.html)

技術文書も、最高のお手本のひとつ

「書きっぷり」を参考にしよう

IT系の技術文書も、英語的な文章の書き方を学ぶのに適しています。

これらの文書はネットで手に入ることが少なくないのですが、テクニカルライターなど、「伝えることのプロ」の手が入っている場合が珍しくありません。

大手企業では、こうした文書を専門に執筆するプロのライターがいます。自社の技術やサービスを説明する文書ですから、**必要最小限のことが系統立てて書かれています。**

また、ユーザーは世界中にいますので、誰が読んでも分かるように簡潔な英語で書かれているのもポイントです。

こういう英文の「書きっぷり」を参考にして、自分の文章を見直してみるといいでしょう。

右ページの文は、通信機器大手のCisco社が自社サイトで公開しているスイッチ(ネットワーク構築に使用される通信機器)のハードウェア(機器そのもの)の設定マニュアルです。

原文は英語ですが、日本語版も誰が読んでも分かるように簡潔な文章で書かれています。

Catalyst 2960 スイッチ ハードウェア インストレー ション ガイド

〈はじめに〉
対象読者
このマニュアルは、Catalyst 2960 スイッチ（以下、スイッチ）の設置を担当するネットワークまたはコンピュータ技術者が対象です。このマニュアルを使用するには、イーサネットと LAN の概念および用語についての知識が必要です。これらの分野に関してさらに詳細なトレーニングや教育を受けたい方には、次の URL にある Cisco Training & Events Web ページでトレーニング コース、自習オプション、セミナー、および技術者認定プログラムなどの学習機会を提供しています。http://www.cisco.com/web/learning/index.html

目的
このマニュアルでは、Catalyst 2960 スイッチのハードウェア機能について説明します。スイッチの物理特性やパフォーマンスを紹介するとともに、スイッチの設置手順およびトラブルシューティングについても説明します。

このマニュアルには、表示されるシステム メッセージの説明およびスイッチの設定手順は記載されていません。これらの詳細は、スイッチのソフトウェア コンフィギュレーション ガイド、スイッチのコマンド リファレンス、およびスイッチのシステム メッセージ ガイドを参照してください。これらのマニュアルは、Cisco.com の Product Documentation ホームページから入手できます。標準の Cisco IOS Release 12.1 または 12.2 のコマンドについては、Cisco.com ホーム ページから [Support] → [Documentation] → [Product and Support Documentation/Cisco IOS Software] を選択し、Cisco IOS マニュアル セットを参照してください。

表記法
このマニュアルでは、注釈、注意、および警告に次の表記法および記号を使用しています。＜後略＞

(http://www.cisco.com/cisco/web/support/JP/docs/SW/LANSWT-Access/CAT2960SWT/IG/003/higpref.html?bid=0900e4b1825ae623)

学術論文を参考にしよう

日本語で書かれた論文も「お手本」になる

　少々難しい文章も多いのですが、日本語で書かれた学術論文を読むのも、「英語的な文章」を書くために役立ちます。

　学術論文の中にはネットで一般公開されているものもあります。
　CiNii（国立情報学研究所）や、電子ジャーナルの共同発行プラットフォームであるJ-STAGEには、無料で閲覧できる学術論文が掲載されています（107ページ）。

英語的なロジックを日本語で学ぼう

　特に参考になるのは、**科学技術や医学、経済学などの分野**の論文です。
　これらは論理的に書かれているため、英語的なロジックを日本語で身につけるのに最適な教材です。

　目的は、論文の内容を完全に理解することではなく、それが**どのような構成で書かれているか**を学ぶことですから、その分野の専門家になる必要はありません。
　さまざまな分野の論文を読んで、どのような構造になっているかを分析してみましょう。

■学術論文が閲覧できるサイト

CiNii（国立情報学研究所）
http://ci.nii.ac.jp

題名、著者名、全文検索で論文や記事を検索することが可能です。検索結果でそれらが国会図書館にあるかどうか、どこの大学図書館にあるかも調べることができます。

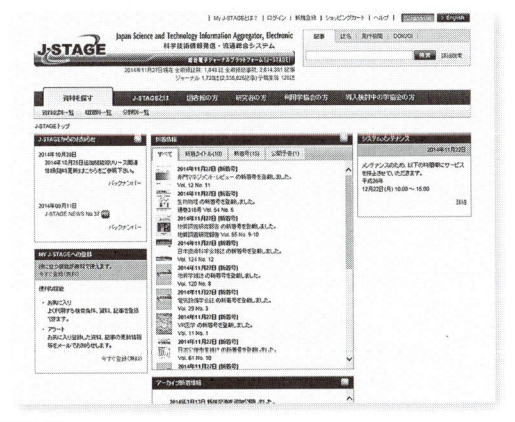

J-STAGE
https://www.jstage.jst.go.jp/browse/-char/ja/

最新の論文や、過去に出版された論文をノンワザで検索・閲覧することが可能です。また、引用文献リンク機能により論文が引用している文献を参照できます。

新聞のコラム、エッセー、小説、
内容の薄いブログを参考にしてはいけない

日本の新聞のコラムは「謎の文章」

　一方で、英文を書く際に参考にしてはいけない悪文の例は、日本の新聞のコラム、雑誌やエッセーなどです。

　新聞記事は、前述したブルームバーグ社のニュースのように通常は論理的で簡潔に書かれているのですが、なぜか**日本の新聞のコラムというのは、論理的な文章からはほど遠い**「謎の情緒的な文章」になっています。

　また、エッセーや小説も、娯楽のためや文章そのものを味わうにはいいでしょうが、英語的な文章を書くのには参考になりません。
　これらの目的は基本的に読者に娯楽を提供することで、「事実」や「主張」を正確に伝えることではないため、情報量はごくわずかです。
　文章を書く修行のために小説を読んでいるという方が時々いますが、きちんとしたビジネス英語や、アカデミックな文章を書きたい人にとっては、**最悪のお手本といえる**ので気をつけましょう。

　ブログの中には参考になる文章もありますが、ライフハックなど大して役にも立たないような情報を細切れに伝えるもの、更新頻度は高いけれど内容が薄いもの、日々の出来事をずるずると書いただけの日記みたいなものは、良い英文を書くには全く役に立ちません。
　さらに、ネット掲示板やソーシャルネットワーキングサービス（SNS）の書き込みなどは、言うまでもないでしょう。

　さて、ここで英文を書くにあたり参考にすべきでない文の例を見てみましょう。以下は、ある新聞に掲載されたコラムです。

XPサポート終了　京都新聞「凡語」2014年04月09日掲載

　映画「男はつらいよ」でフーテンの寅さんとたびたび騒動を起こすタコ社長のせりふが聞こえてきそうだ。「てめえなんかにな、中小企業の経営者の苦労がわかってたまるか」▼米マイクロソフトの基本ソフト・ウィンドウズXPのサポートがきょうで終了する。無防備になったパソコンからウイルスがばらまかれる恐れがあるので買い替えを、と官民挙げて呼び掛けているが、タコ社長のような中小企業の経営者にしてみたら、そんな余裕はない▼IT調査会社の推計では、6月になっても国内のパソコンの7.7％、592万台にXPが搭載されたまま。大阪の信用金庫が中小企業を調査すると、半数がXPを使い続け、多くが「XPで不自由しない」「買い替える資金がない」とずばり答えている▼中小企業だけでなく、財政難の自治体も対応が苦しい。全国の自治体が使うパソコンの13.1％が期限内にXPから更新できないという▼だから中小企業や自治体は遅れている、とは言いたくない。ものを大事にし、壊れるまで使い続けるのは美徳ではなかったか▼XPの買い替え特需で家電量販店がにぎわったそうだ。それでもタコ社長ならXPを使い続ける気がする。消費追求のビジネスモデルから、タコ社長を大切にするITへと成熟する時ではないか。

（http://www.kyoto-np.co.jp/info/bongo/20140409_2.html）

　そもそも、この文章はIT業界のビジネスモデルを理解していないとおぼしき人が書いた謎の主張にあふれているわけですが、白書や経済ニュース、学術論文と比べると、この筆者が一体**何を言いたいのかがさっぱり分かりません**。

　また、冒頭を読んでも、伝えようとしていることがはっきりせず、読み手は行間を読むことを強いられます。
　仮にこの文章を英訳して外国人に読んでもらったとしても、おそらく意味を理解できない人が少なくないでしょう。

英語的なロジックの組み立て方

英語は「結論」を示してから「論拠」を挙げる

　英文を書くときに最も重要なことのひとつは、英語的なロジック（論理）で文章を構成することです。

　PART 1でもお話しましたが、英語圏で育った人たちは、早い人では小学校ぐらいからこの英語的なロジックで文章を書くという訓練を受けています。この訓練の蓄積の有無が、英語圏で育った人と日本語環境で育った人が書く文章に大きな差異を生みます。

　さて、英語的なロジックで書かれた文章とはどんなものでしょうか？　ごく簡単に説明すると、

結論→論拠→論拠→論拠→結論の再確認

という構造になっているもので、右ページの上図のようになります。

　つまり、まず主題となるアイディアを提示してから、その論拠を挙げていき、アイディアの正しさを証明するという書き方です。
　このような方法を英語ではdeductive（演繹的）と呼びます。

非英語圏は「一般的な事柄」→「結論」

　一方、日本を含む英語圏以外の文化圏では、まず一般的な事柄から述べ、論拠をつらつらと書いていき、最後に結論を示すという構造を好みます。
　このような書き方をinductive（帰納的）と呼びます。図で示すと、右ページの下図のようになります。

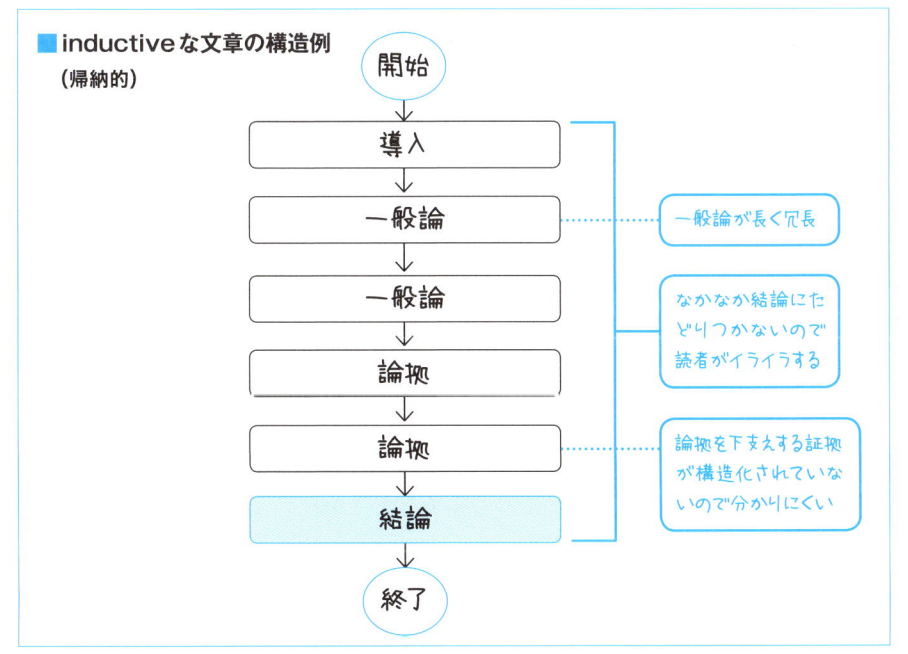

■ **deductive な文章の構造例**
（演繹的）

```
          開始
           ↓
          結論 ────────┐ 最初に結論を述べ
           ↓           ることで読者が読
   ┌───────┼───────┐   む時間を短縮
   ↓       ↓       ↓
 論拠1 → 論拠2 → 論拠3 ──┐
   ↑       ↑       ↑    論拠が構造化
  ┌┼┐     ┌┼┐     ┌┼┐   されているため
  証証証   証証証   証証証  分かりやすい
  拠拠拠   拠拠拠   拠拠拠
           ↓
       結論の繰り返し
           ↓
          終了
```

■ **inductive な文章の構造例**
（帰納的）

```
     開始
      ↓
     導入
      ↓
     一般論 ········ 一般論が長く冗長
      ↓
     一般論
      ↓              なかなか結論にた
     論拠            どりつかないので
      ↓              読者がイライラする
     論拠
      ↓              論拠を下支えする証拠
     結論            が構造化されていな
      ↓              いので分かりにくい
     終了
```

ちなみに、参考にすべきでない文章の例として紹介した新聞コラムをチャート化してみると、次のようになります。

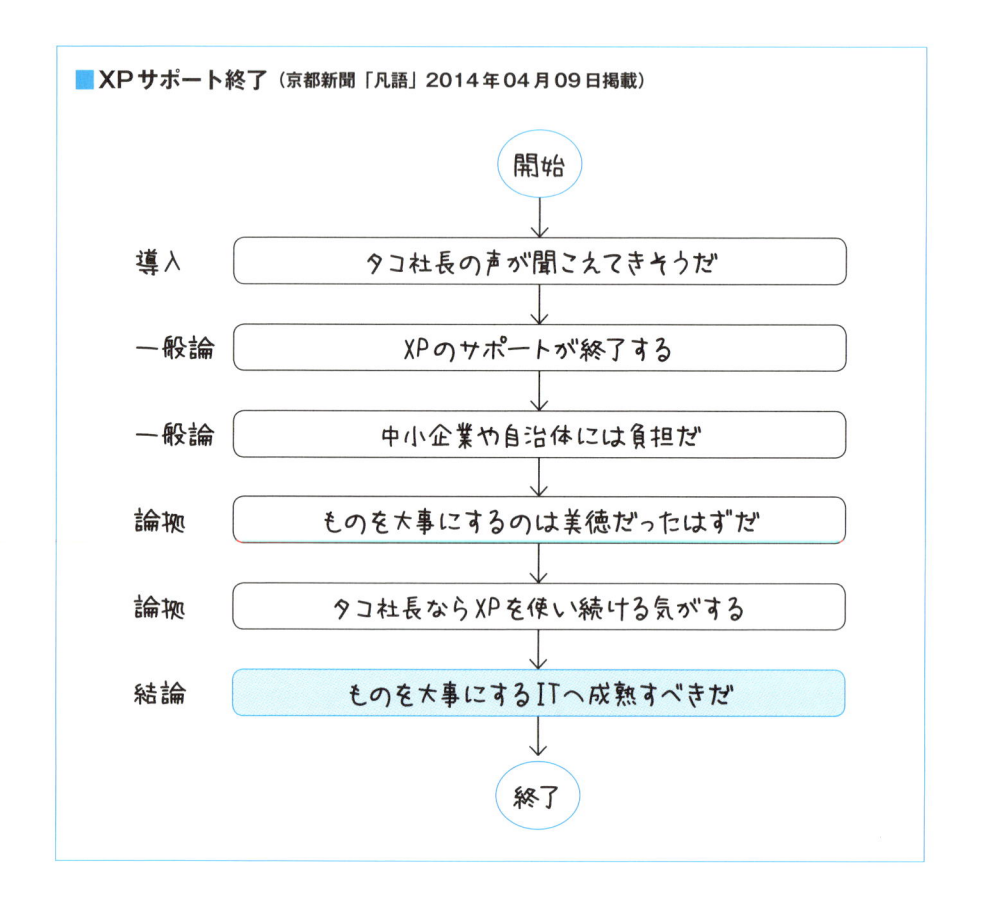

■XPサポート終了（京都新聞「凡語」2014年04月09日掲載）

```
                開始
                 ↓
導入    ┌─────────────────────────────┐
        │ タコ社長の声が聞こえてきそうだ │
        └─────────────────────────────┘
一般論  ┌─────────────────────────────┐
        │   XPのサポートが終了する    │
        └─────────────────────────────┘
一般論  ┌─────────────────────────────┐
        │ 中小企業や自治体には負担だ  │
        └─────────────────────────────┘
論拠    ┌─────────────────────────────┐
        │ ものを大事にするのは美徳だったはずだ │
        └─────────────────────────────┘
論拠    ┌─────────────────────────────┐
        │ タコ社長ならXPを使い続ける気がする │
        └─────────────────────────────┘
結論    ┌─────────────────────────────┐
        │ ものを大事にするITへ成熟すべきだ │
        └─────────────────────────────┘
                 ↓
                終了
```

　構造を見てみると、inductive（帰納的）な文章であることがよく分かります。

　それでは、このコラムをdeductive（演繹的）──すなわち、英語的なロジックの文章構造に置き換えると、どうなるでしょうか。

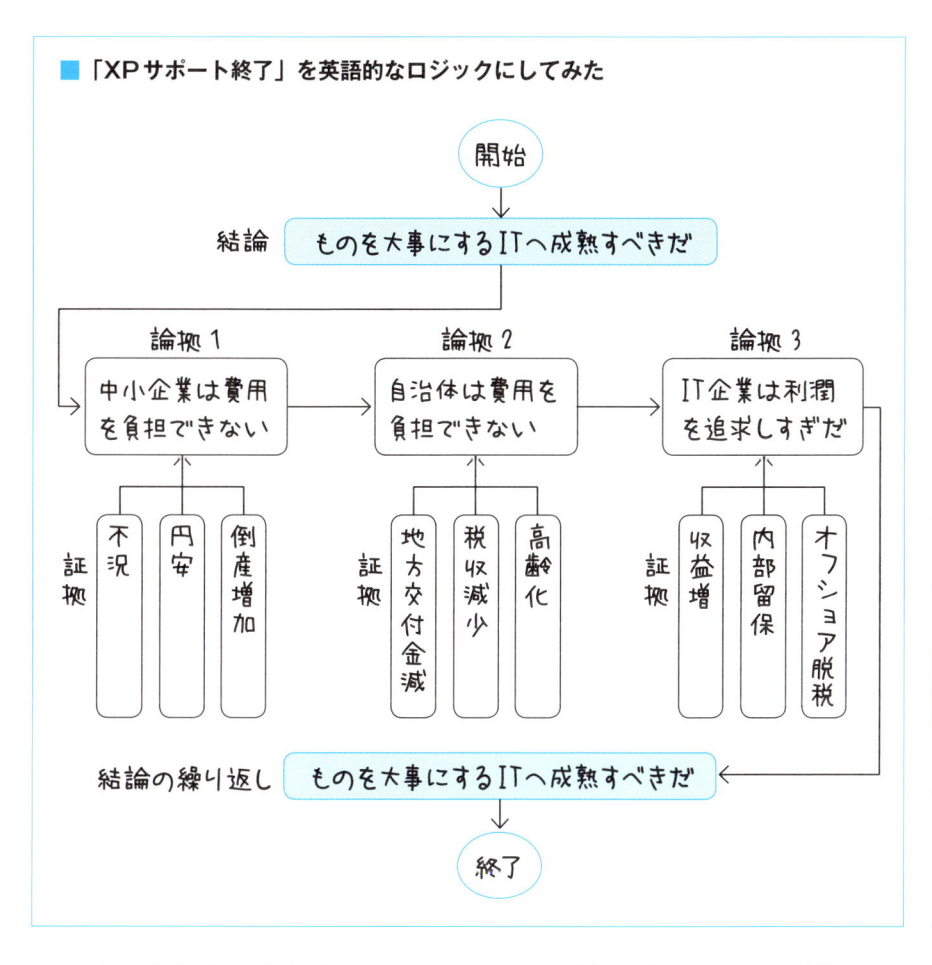

■ 「XPサポート終了」を英語的なロジックにしてみた

```
                           開始
                            │
                            ▼
           結論 ┌─────────────────────────┐
                │ ものを大事にするITへ成熟すべきだ │
                └─────────────────────────┘
                │
    ┌───────────┼───────────────┬───────────────┐
    │   論拠1   │      論拠2     │      論拠3    │
    ▼           ▼               ▼
 ┌────────┐  ┌────────┐     ┌────────┐
 │中小企業は │  │自治体は │     │IT企業は │
 │費用を負担│→│費用を負担│→   │利潤を追求│
 │できない  │  │できない  │     │しすぎだ │
 └────────┘  └────────┘     └────────┘
    ▲           ▲               ▲
 ┌──┼──┐    ┌──┼──┐        ┌──┼──┐
証拠 不況 円安 倒産増加   証拠 地方交付金減 税収減少 高齢化   証拠 収益増 内部留保 オフショア脱税

結論の繰り返し ┌─────────────────────────┐
                │ ものを大事にするITへ成熟すべきだ │◀─
                └─────────────────────────┘
                            │
                            ▼
                           終了
```

　最初の文章では、書き手が何を伝えたいのか、最後まで読まなければ結論にたどり着かないので時間がかかりますが、この英語的なロジックの構造では「ものを大事にするITへ成熟すべきだ」という結論が最初に示されるので、

- この文章が何を言いたいのか
- 自分にとって読む必要がある文章なのか
- キーメッセージ（主題）は何なのか

が、瞬時に分かります。

どちらが良い／悪い、という問題ではない

また、それぞれの論拠を下支えする「裏づけ」が論理的に書かれるため、どの論拠に対してどんな裏づけ（証拠）があって、書き手がそれを主張しているのかということがすぐに分かります。

「なぜこの人はこのことを主張しているのだろう」と、読者が行間を読んで推測する必要がないわけです。**読み手の時間の節約になる**という意味でも、親切な文章であると言えます。

さらに、結論が最後に繰り返されることで、読み手の頭の中には**キーメッセージの印象が強く残ります。**

このようなdeductive（演繹的）な文章に慣れている文化圏の人々は、日本で多く見られるinductive（帰納的）な文章を読む耐性がありません。

後者の文は長々と周辺部の情報や一般的な事柄が述べられ、いつまでたっても結論にたどり着かないので**「一体何が言いたいの！」とイライラしてしまう**のです。

これはもう文化的な問題なので、どちらが良い／悪いということではありません。

用途によって、書き方は違ってくる

どちらの書き方を採用するかは、その文章の用途や媒体によっても違ってきます。

例えば、文学作品や作者が感じたことなどを書く日本風のエッセーの場合は、inductive（帰納的）な文章が多いでしょう。

その方がさまざまな表現を盛り込むことが可能ですし、物語の光景や登場人物の心情などを順を追って描写することで、作品は盛り上がります。

また、人文系の論文や専門書もこの方式で書かれていることがあります。事実の羅列だけではなく、文章表現が重要視されるからです。

　しかしながら、科学技術、医療、コンピューター、法律、ビジネスなどの業界や、英語圏の報道の世界ではdeductive（演繹的）な方が好まれますし、**業界標準の文章の書き方**として主流です。

　これは情報を一刻も早く、正確に伝えるという目的があるためです。

deductive（演繹的）な文章を組み立てるには

　英語的なロジックの文章を組み立てるためには、頭の中を整理することが重要です。

　多くの人の頭の中は、**文章を書く前は次の図のようになっています。**

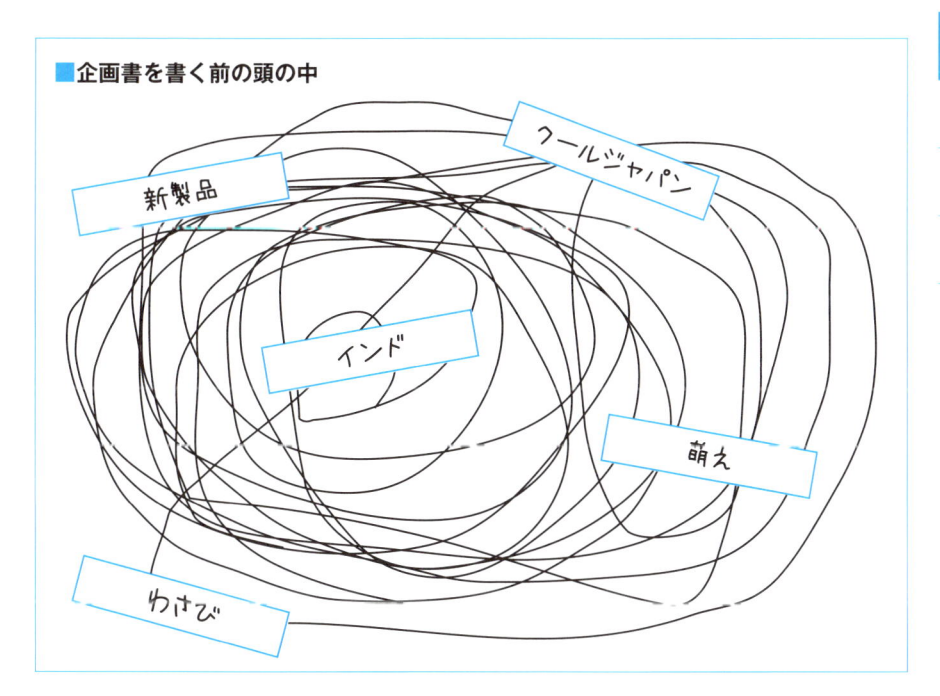

■企画書を書く前の頭の中

（図：新製品／クールジャパン／インド／萌え／わさび といったラベルが、絡み合った曲線の中に配置されている）

つまり思考というのは、最初は整理されていないわけです。

そこで、deductive（演繹的）な文章を書くに当たって、思考を整理する必要があります。

まず、書きたい文章のキーメッセージ（最も伝えたいこと）を「一文」で抜き出します。

この図を書いた人の場合、新製品の企画書を書こうと考えていますので、「新製品」が最も重要です。そこで、カードや付箋に「新製品」と書き出して机に置きます。

新製品

次に、キーメッセージの論拠や、その元となるキーワードをカードや付箋に書き出し、それらをdeductive（演繹的）な文章の構造に並べていきます。

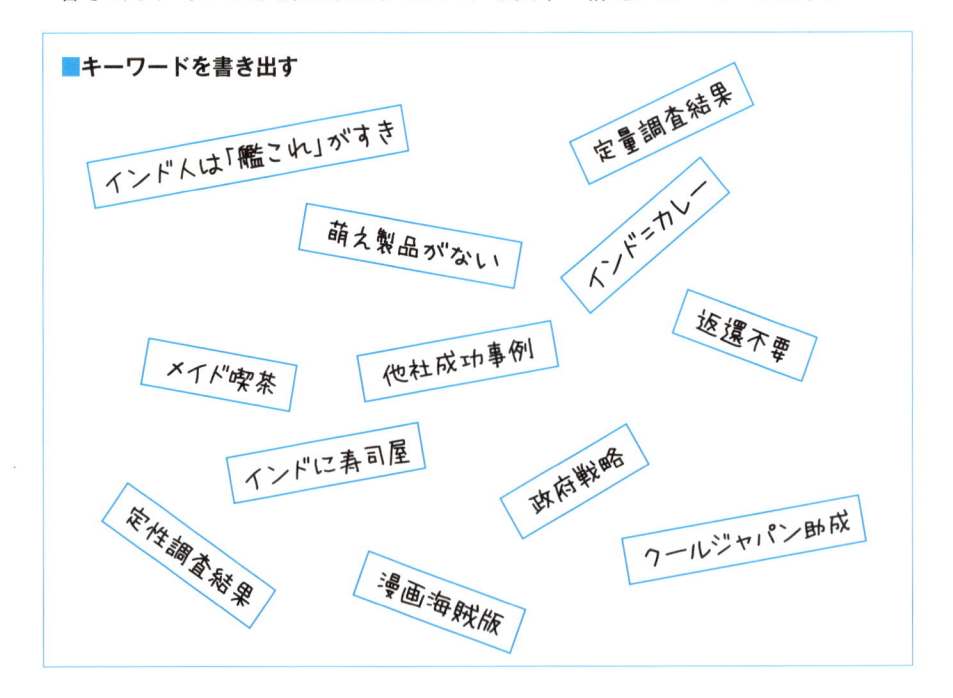

■キーワードを書き出す

インド人は「艦これ」がすき
定量調査結果
萌え製品がない
インド＝カレー
メイド喫茶
他社成功事例
返還不要
インドに寿司屋
政府戦略
定性調査結果
漫画海賊版
クールジャパン助成

■**英語的なロジックに並べてみる**

```
                        開始
                          ↓
          萌えわさびカレーを開発しインドで売るべきだ
                          ↓
    ┌─────────────┬─────────────┬─────────────┐
    │わさびはインド │インドは萌えが│クールジャパン│
    │人に好まれる   │人気だ        │助成がある    │
    └──┬──┬──┬──┘└──┬──┬──┬──┘└──┬──┬──┬──┘
   定  定  成      メ  漫  萌      政  競  返
   量  性  功      イ  画  え      府  合  還
   調  調  事      ド  海  製      戦  が  不
   査  査  例      喫  賊  品      略  少  要
   結  結          茶  版  が          な
   果  果          増      な          い
                          い
          萌えわさびカレーを開発しインドで売るべきだ
                          ↓
                        終了
```

　このように文章の骨格を作り終えたら、ダブリはないか、モレはないか、論理的に筋の通らない部分はないかをチェックします。

　できればここで**一晩置いてから見直してみる**ことをお勧めします。少し時間を置くと、自分が作成したフローチャートでも何らかの抜けや、理論的におかしい部分が分かります。

　同僚や友人などに見せて、おかしい部分はないかチェックしてもらうのも有効です。

文の骨組みとなる構造が完成したら、今度は目次（アウトライン）を作ります。
　ここまでくれば、目次の作成は簡単です。キーワードごとに大見出し、小見出しを作り、それに沿って**文章を埋めていけばいいだけ**です。この作業は日本語でも英語でも全く同じです。

@May_Romaの英作文スピードアップ戦略

確実に力をつけるための奥義

PART 4

@May_Romaの英作文「特訓講座」

英語は「使えて当たり前」の時代

　私たち日本人にとって外国語である英語で文章を書くのは簡単ではありませんから、どうしても時間がかかってしまいます。

　ですが、これからはそういう場で働くことを目指す人も増えてくると思いますし、多国籍な外資系企業や国際機関、英語圏の大学院や現地組織などでは「外国人だから」という理由で大目に見てもらえることはありません。

　なぜなら、そうした場所ではもはや**英語が流ちょうに使えて当たり前**の世界だから。

　そう、英語は今やリンガフランカ（国際共通語）なのです。

　これは何も英語圏に限ったことではなく、欧州大陸や東南アジアでも同じです。

英語、英語と騒いでいる先進国は日本ぐらい

　例えば、英語を使える人が少ないという印象があるフランスやイタリアでも、多国籍企業や現地の国際機関では、英語が堪能なのが当たり前になっています。

　あの「フランス語主義」のフランスでさえ、高い教育を受けている若い人の英語は流ちょうです。

　この場合の流ちょうとは「会話が少しできる」という意味ではなく、英語で相手を説得し、ネイティブに負けないレベルのビジネス文書や論文を書くことができる、という意味です。

　どこかの国のインチキ学者のように、他人が書いた英語の論文を何十ページもコピーして、それを自分の論文に貼り付けて博士号をもらいました、なんて

バカげたことをする人はいないのです（そんなことをしてバレたら、即退学もしくは学位剥奪です）。

英語はできて当たり前。残念ながら、いまだに英語英語と騒いでいる先進国は日本ぐらいのものです。

時は金なり。実務ではスピードが要求される

多国籍な職場の実務では、周囲の**ネイティブ並みのスピードで書く**ことが要求されます。

外国人であっても、職務によって給料が決まりますので、ネイティブと同じ給料をもらっているなら、同等の能力がなければお払い箱です。

ずいぶん厳しいなあと感じるかもしれませんが、きちんとした英文が書けなければ安い給料に甘んじるほかない。そういう世界なわけです。

そういう職場では、時は金なりです。

例えば、上司や顧客からメールが届いたとします。そんなとき、200ワード程度のメールを**何時間もかけて書いている暇はありません**。先方が急いでいる場合には、10分程度でさっと返事を書いて送付しなければなりません。

最近は職場で会社のネットワークを使ったチャットシステムがあることもあります。その場合は推敲している暇なんてありません。即答・速答が当たり前で、それができないならクビです。日本の会社で働いている方でも、そこまでいかなくとも、英文を書くにはある程度書くスピードを上げる努力をすることが大切です。

英語を速く書くためのコツ

文章を書くスピードを上げるには、いくつかのコツがあります。

日本語でも英語でもそれは同じで、速く書くために実は重要なのが「**事前準備**」と「**頭の中の整理**」であります。

それでも、英語で書くとなると、どうしても日本語より時間がかかりますので、少々の努力と工夫が必要です。

以下に、そのコツをいくつかお教えしましょう。

1.「コミュニケーション戦略」を立てよう

目的が明確だと、書くスピードが飛躍的にアップする

ビジネスや学問、さらに日常生活で通じる英文を書くには、英語的なロジックの組み立て方を身につけるだけでは不十分です。

文章を書き始める前に、「**自分はなぜこの文章を書くのか？**」と目的を明確にし、方向性を確認しておく必要があります。しかし、多くの人がその作業をしないまま、いきなり文章を書き始めてしまいます。

そもそも文章を書くのは、相手に「何か」を伝えて、自分の望む反応を得るためですから、その「何か」がはっきりしていなければ、書く意味がありません。単なる**お遊び、もしくは自己満足で終わってしまいます。**
また、目的が明確になっていると、書くスピードも飛躍的にアップするのです。

「メモする」だけでも十分

「自分はなぜその文章を書くのか？」という目的を明確にするには、「コミュニケーション戦略」を立てる必要があります。

ただし、戦略といっても大げさに考える必要はありません。

社内文書やビジネスメール、ブログ、プレゼン用の資料などを書く前に、「この文章はこういう目的で」ということを、手元にあるノートやメモに**走り書きするだけでも十分**です。

「コミュニケーション戦略」は、大まかに以下の要素から構成されます。
文章を書き始める前に少し時間を取って、これらに沿って戦略を考えてみてください。

📄 コミュニケーション戦略の要素

全体の戦略
- 目標は何か？
- 文章のスタイル（ストーリーを語る／教える／説得／売り込みetc.）
- キーメッセージは何か？（1行にまとめる）
- メッセージのトーン（前向き／後ろ向き／分析的／ユーモアetc.）

読者戦略
- 読み手は誰か？
- 読み手は何に一番興味があるか？
- 読み手が理解する単語や表現はどういったものか？
- 読み手はこの文章から何を得ることを期待しているか？
- 読み手はそのトピックに対する知識があるか？
- 読み手は自分に対してどんなイメージや先入観を持っているか？
- 読み手をどのように説得するか？

チャネル戦略（提供手段）
- どのように配信するのか？（メール／手紙／論文／SNS／書籍）
- チャネルにあった文章構成とスタイルは？

例えば、町田市に住む60歳から65歳の女性に向けてゴミの分別ルールについての情報を発信したい場合は、次のようになります。

全体の戦略

- 目標→「再生ゴミの分別方法のルール変更について伝え、違反者を減らす」
- スタイル→フリーペーパーやスーパーのチラシ方式
- キーメッセージ→「ルールに従わないゴミは回収されません」

読者戦略

- 読み手→町田市に住む60〜65歳の女性
- 読み手は何に一番興味があるか？
    →ゴミが収集されるかどうか
- 読み手が理解する単語や表現はどういったものか？
    →カタカナ語が少なく従来より慣れ親しんでいる言葉、フレンドリーな表現
- 読み手はこの文章から何を得ることを期待しているか？
    →ゴミの分別ルールとペナルティー
- 読み手はそのトピックに対する知識があるか？
    →ない
- 読み手は自分に対してどんなイメージや先入観を持っているか？
    →官僚的、親しみやすくない、融通が利かない、怖い、不親切
- 読み手をどのように説得するか？
    →ルールに従うことはゴミ収集者と処理業者の手間と時間を節約するため、税金の節約になり、結果的には納税者の利益につながる。

チャネル戦略

- フリーペーパーに執筆しているライターとイラストレーターに依頼して、漫画仕立ての冷蔵庫用マグネットを作成。
- マグネットに新しい分別ルールを明記する。
- マグネットを各家庭のポストに投函。
- 在宅の場合は手渡しする。

2. 毎日書く習慣をつけよう

一時間に500ワード程度を目安にしてみる

　文章を書くのはスポーツと同じで、繰り返すほどスピードが上がり、コツが身についてきます。

　日本人が英文を書けないのは、**そもそも書いている量が少ない**、ということがあります。書かなければいつまでたっても速く、そしてうまく書くことはできません。

　毎日できるだけたくさん英文を書くことで、書くのが当たり前のことになっていきます。

　英語しか通用しない職場で働くことを希望するのであれば、分析やリサーチ業務、プロジェクト管理などの文書を書くことが多い専門家の場合は、**一時間に500ワード程度**（A4の用紙に2枚くらい）、一日あたり2000～3000ワード程度を書くことを目標とすると、かなり力がつくはずです。

　500ワードのビジネス文書作成に4時間も5時間もかかるとしたら、英語の世界での仕事は諦めた方がいいかもしれません。

　営業やオペレーター、一般事務などの場合は、それよりも少なくても構わないでしょう。

大学院に留学する、外資系に就職する

　英文ライティングの力をつける最も確実な方法は、英語圏の大学院レベルの教育を受けることです。

　課題や論文の作成を通して大量の英文を書かなくてはなりませんので、嫌でもライティングの力がつきます。

　次に効果的なのは、評価の厳しい外資系の職場や、英語を話す人しかいない

外国の実務の現場で揉まれることです。
しかし、そういう環境に身を置くことができる方は多くはないでしょう。

ペンパルを探して英文を交換する

その場合はどうしたらいいかというと、**インターネットを活用する**のです。
英語圏のビジネス系掲示板に毎日何かを書き込んでみたり、ツイッターやフェイスブック、LinkedInなどのソーシャルメディアでペンパルを探して毎日英文を書いて交換します。

ペンパルは自分の仕事の専門分野に関係する人でもよいですし、日本に興味がある人でも構いません。
複数の人とやり取りすることで、毎日英語を書く習慣が身につきます。
ただし、単なる感想や日記の交換ではなく、できれば**ビジネス関連のトピックに関して議論する**ような環境であることが理想です。
学生さんの場合は、アカデミックな事柄や時事問題などについて議論できる環境だとベストです。

3. 文書作成を「効率化」する

仕事や学校の英文は、大体パターンが決まっている

以上のような努力をしたとしても、やはり英文を書くのは時間がかかると考えられがちですが、実はビジネスやアカデミックな場で作成する文章というのは**大体パターンが決まっています**。

例えば、IT業界でアプリケーションを運用する人の場合を考えてみましょう。

日常作成する必要がある文書は大体次のようなものでしょう。

- チームメンバーへの連絡メール
- 上司への報告メール
- サービス運用報告書
- サービス障害報告書
- サービス改善提案
- サービス変更の告知
- スタッフへの依頼メール
- 人事考査
- 要員計画
- ジョブディスクリプション（職務記述書）
- OLA（運用レベル合意書）
- SLA（サービスレベル合意書）
- 会議議事録
- 運用手順書
- 引き継ぎ書
- 要件定義書
- 請求書
- 領収書
- プロジェクト関係の文書（スケジュール等）
- 申請書

　一見すると多いようですが、実はそれぞれ書くことも決まっていますし、内容も大まかに決まっています。

　業務の流れも一年を通して決まっているので、いつ、どんなときに、どのような文書が必要かということも大体予想がつくものです。

テンプレートを作っておこう

　そこで、時間のあるときに文書をテンプレート（ひな型）にしておくという方法をとることで、**作成時間を大幅に短縮することが可能**です。

　英語が不得手な場合は、同僚や上司の作成した文書から「良いお手本」を保存しておき、フォーマットや表現方法を真似たもの（完全なコピーはいけません。あくまで参考にするだけです）をいくつか作っておき、**必要に応じて使い分ければよい**わけです。

　PART 5にはテンプレートとして使える例文を収録しましたので参考にしてください。

　マーケティングや企画、リサーチといった定型化の難しい業務の場合は、テンプレート化が簡単ではありませんが、探せばお手本にできる文書というのは結構あるものです。自分の日々の業務を見直して、「どうしたら文書作成を効率化できるか」を考えましょう。

4. 文章を「設計」する

アイデアを構造化する

　PART 3でご紹介したように、書く前に頭の中を整理して「文章を設計する」ことで、**書くスピードが飛躍的にアップ**します。

　文章を設計する前に、まず自分の頭の中にあるアイデアを、キーワードとしてランダムに書き出して、グループ化してまとめます。

　グループ化したアイデアは、「ツリー形式の構成図」→「アウトライン」（目次）に落とし込み、文章を設計していきます（115〜118ページ参照）。

慣れてくると最初からアウトラインが浮かぶようになりますが、まずは**アイデアを書き出すところから始めて**みてください。

5. 最初から英語で書く

できるだけ英語で考えるクセをつけよう

　日本人にありがちなのが、最初に日本語で書いてそれを英語に訳すというパターンです。海外で働いている駐在員や留学生の中にも、この方法で英文を書いている人がいます。

　なるべくスピーディーに英文を書くには、これは非効率なだけです。日本語で書かれた原文を一字一句正確に英語に訳そうとするため、たった数枚の文書を作成するのに**何時間もかけている**人を見かけたことがあります。

　しかし、そもそも、日本語には英語に完全に訳せない言い回しや単語もあるのですから、**これは誠にもって無駄な努力です。**

　目的は文章の翻訳ではなく、相手にメッセージを伝えることなのですから、本末転倒だとしか言いようがありません。

　さらに問題なのは、最初に日本語で書いてしまうと、どうしても日本語的な思考で文章を設計したり、日本語的な表現を使ってしまうために「英語的な文章」には仕上がらない点です。

　英文を書くスピードを上げるためには、「何を書くか」を発想する段階からできるだけ英語で考え、キーワードも**すべて英語で書き出して**文章を設計してしまうことです。

　最初は少しハードルが高く感じるかもしれませんが、慣れてしまえば日本語

から訳すよりも数倍速いということに気づくはずです。また、英語で考えるクセをつけると、自然に日本語的な表現で英文を書くことがなくなります。

6. 話すように書く

頭の中で音読しながら、リズムよく書いていこう

　分かりやすい文章の基本とは「話すように書かれた文章」です。
　これは英語でも同じで、話すように書かれた英文というのは、シンプルで分かりやすく、しかも書きやすいため、速く書くことができます。

　ただし、これは口語をそのまま文章にするという意味ではありません。
　あくまで、音読してみて**スラスラと読めるような、簡潔な英文**を書きましょう、ということです。

　そのためには、頭の中で英文を音読するようにしながらリズムよく書いていくのがポイントです。
　そして、いったん書き上がったものは**声に出してみましょう**。声に出して読むと、文章のリズムが音で分かりますので、ぎこちない部分やノリの悪い部分が直感的に分かります。

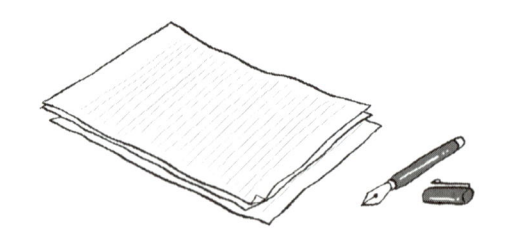

7. ネイティブに添削してもらう

フィードバックを反映させる

　英文ライティングを上達させるには、ネイティブに添削してもらうのが近道です。自分が書いたものを適宜直してもらうことで、どこが間違っているのか、より適切な表現はどんなものかということがよく分かります。

　これは**英語を書くスピードを上げるにも大変有効**です。
　ネイティブにフィードバックしてもらうことを何度か繰り返しているうちに、自分の間違いやすい箇所や、異なる表現を学ぶことができるため、次に書くときには学んだ内容をドンドン反映させることが可能になるからです。

依頼するネイティブを選ぶときの注意点

　ここで重要なのは、添削をお願いするネイティブの選び方です。
　ビジネスの世界であれば、自分の専門分野で実務経験があり、最低でも大卒の学位を持っている人にフィードバックを頼むべきです。
　実務の世界に身を置いている人は多忙ですから、無償で外国人の書いた英語の直しを引き受けてくれるとは限りません。妥当な報酬を支払うか、時間をかけて友好な関係を築いてからお願いするといった努力が必要です。

　文章を書くことを生業としている人、例えばジャーナリストや校正の専門家、コンサルタント、大学の研究者などにフィードバックをお願いすることも有効です。
　ただし、このような人たちも本業が多忙であり、外国人の文章を直したり、語学指導をすることが仕事ではありませんので、指導を引き受けてもらうことは難しいかもしれません。さらに、時間単位の料金も高額ですが、もし有償で受けてくれる人がいるのであれば、数カ月から数年の間指導をお願いするのも

よいでしょう。

　日本で英語を教えている外国人の先生の中には、**ビジネス経験が全くない人、高等教育を受けていない人**も大勢います。
　そういう人たちは、実務の世界で使われている文書のフォーマットなども知りませんので、妥当なフィードバックをすることができません。
　ビジネスの英文を見てもらう場合には、その分野で実務経験のあるネイティブでなければ、専門用語やその業界独自の言い回しや表現などが分かりませんので、専門外の人に頼むのも意味がありません。

8. 「語彙」と「表現」を増やす

「いいな」と思う表現をインプットしていこう

　頭の中に良いインプットがなければ、良いものをアウトプットすることはできません。料理と同じで、素材が悪ければどんなに工夫してもおいしいご飯はできないのです。
　きちんとした英文が書けるようになるためには、良い英文に触れるのが最善の方法です。

　PART 3でもご紹介しましたが、とにかくさまざまな英文を読むことが「語彙」や「表現」を増やす近道です。
　ただし、このときにただ漫然と読んでいたのでは何も身につきません。「これはいいな」と思う語彙や表現は、**手書きのメモ帳やパソコンのファイル、単語帳などに書き取っておき、その場で覚えてしまいます**。

英文を読むときに注意すべきこと

　お手本にする英文を読むときには、常に以下のことを分析しながら読むことも重要です。

- この文章のターゲットは誰か？
- 書き手はどんな人か？
- この記事（論文）を一文で要約するとどんな文になるか？
- 文の構造はどうなっているか？
- 引用している情報はどんなものか？

　さらに、気になる単語や熟語を見つけたら、「これを違う言い方で表現するとどうなる？」と、**類語辞典やネット検索**（75〜76ページ）**で異なる表現を探して**メモします。

　ここで重要なのは「どんな相手であれば、どの表現が妥当か」「どの表現を使うと、どんな効果が得られるか」と想像力を働かせ、それらを暗記してしまうことです。

　その場で覚えてしまえば、次に何かを書くときに使うことができますし、メモを読み返す手間も省けます。

ネイティブが日ごろ目にしている英語に触れる

　ビジネスの英文やアカデミックな英文を書きたい場合には、先にご紹介したように、政府の白書、新聞や通信社の記事、学術論文、技術マニュアルなどをできるだけたくさん読み込みます。

　一方で、日常生活で書く手紙やメールなどの文章力をアップさせるには、英語圏の**ネイティブが常日ごろ目にしている英語をできるだけ多く頭に入れる**ことも重要です。

　例えば、宅配ピザのチラシ、駅の案内表示、自販機の案内、市役所の注意書

き、看板、映画のレビュー、スーパーの値段表示、選挙の広報などです。

　英語圏のネイティブが日常生活で目にするこうした書き英語というのは、実はさまざまな「読ませるためのテクニック」が使われています。
　こうしたものを見るために、**何も現地に行く必要はありません**。インターネットで街の風景写真やチラシを検索したり、ブログから探したり、Googleマップのストリートビュー（https://www.google.com/maps/views/streetview）で街の風景を観察すればよいのです。

＠May_Roma流「英語インプット法」

　そうした雑多な英文を集めて分析してみると、「こういう表現なら、こういうグループのネイティブには伝わりやすいのだな」「こういう動詞を使うと効果的だ」「今こういう単語が流行っているんだな」ということがよく分かり、自分が英文を書くときに大変役立ちます。

　私は、選挙のチラシやトイレの注意書き、電気料金の支払請求書など、ありとあらゆるものを見ながら「**何か面白い表現はないか**」「こういうレイアウトは良いな」ということを研究しています。
　また、意味が分からない言葉があれば、その場で調べるかネイティブに聞いてメモしておくようにしています。

英文作成のためのチェックリスト

- [ ] この文章の目的は何か
- [ ] ターゲットとする読者は誰か
- [ ] キーメッセージをひとつの文で表すことは可能か
- [ ] 「コミュニケーション戦略」は万全か
- [ ] アウトライン(概要)の論理に破綻はないか
- [ ] 結論が冒頭に来ているか
- [ ] 各段落の最初にキーメッセージが入っているか
- [ ] 無駄な表現や言葉はないか
- [ ] 文の長さのバランスは取れているか
- [ ] バズワード(自分や業界の人しか理解できない隠語)を使っていないか
- [ ] 日本でしか使われない表現を使っていないか
- [ ] 冠詞の使い方は正しいか
- [ ] 繰り返している単語や表現はないか
- [ ] 文法、熟語、スペルは正しいか
- [ ] 投稿規定やライティングガイドに沿っているか
- [ ] 引用、出典の記述は正確か (PART 6参照)
- [ ] レイアウトは適切か (PART 6参照)
- [ ] 第三者が読んでも意味が分かるか
- [ ] ターゲットとする読者の文化に合ったトーンになっているか

Column —— 2

英語の「ノリ」に注意

アメリカやカナダで教育を受けたりビジネスの経験が長い人が、イギリスや旧イギリス植民地圏の人々に対して北米的なノリで英語を書いたり話したりして、実は裏では眉をひそめられているということが時々あります。

よくある例が、北米で教育を受けた若い人が、イギリスの年配者や保守的な人に「Hi!」という書き出しのメールを送ってしまったり、相手をいきなりファーストネームで呼んでしまう、いきなり超フレンドリーな会話に持ち込んだりするというパターンです。書いた（言った）本人は気がついていないのですが、裏では「いやあね、あの外国人。私をアメリカ人だと思っているみたいよ。まあしょうがないけど」と言われてしまっていたりします。

北米人が「え、そんなこと気にしなくて大丈夫だよ。同じ英語だし」と言ったとしても、裏では実はいろいろ言われているということが少なくありません。イギリス人はそれほどオープンではないので、本音を明かすことがないからです。そう、知らないのは言われている本人だけなんです。いやらしいなという感じがしますが、そういうものなのでどうしようもありません。

また、イギリス英語を使っている人が多い欧州大陸の保守的な人の中にも、北米の英語を毛嫌いしている人もいるので注意が必要です。特に社会的地位の高い人、お年寄りなどは要注意です。言葉だけではなく、礼儀や振る舞いもアメリカ的なカジュアルな「ノリ」だと「まあ、なんて失礼なんでしょう」と言われてしまうことがあります。

実は私はアメリカで教育を受けており、イタリアに住み始めた当初はアメリカ的な英語と「ノリ」でやっていたので、ずいぶん痛い目にあったのです。このようなことがあるので、同じ「英語」とはいっても、相手がどういう人なのかを十分考えて、その「ノリ」を調整しなければなりません。全世界がアメリカ英語を信奉しているわけではないのです。

状況別 模範サンプル文

一目置かれる「大人の英語」を書くために

PART 5

「大人の英語」を書こう

英語にも丁寧語はある

　日本人にありがちなのが、かなり英語を学んできた人でも「大人の英語」が書けない、というパターンです。

　実務経験のあるベテランや、立派な職歴や学歴のある人が、英語圏の大人の標準で考えるとかなり失礼な表現を使ってしまっていたり、大人にはふさわしくない言葉を使ってしまうということが実は少なくないのです。

　「英語は日本語よりカジュアルな言語だから、かしこまる必要はない」と勘違いしている方が少なくないようですが、**英語にも「大人の言葉づかい」**、つまり、**フォーマルな表現や灰色の表現、年齢に合った表現**というものが存在します。
　日本語には敬語や、年齢や立場に応じた表現がありますが、英語だって同じなのです。

「あ、この人は違う」と思われるために

　「要は、通じればいいんだ！」とかなり乱暴なことを言う方が時々おられますが、そのようなスタンスで書かれた「乱暴な英語」を読まされる側がどのように感じているのか、ということも考えなければなりません。

　ネイティブや、英語圏で教育を受けてきた非ネイティブの中には、何度もそのような無礼な英語を目にするために「なんだか嫌だなあ」と感じている人もいるのです。

特にビジネスの世界では、「外国人だから」「日本の英語教育では習わないから」は、通用しません。
　命令口調や、相手の立場を考えない無神経な英語は、時には部下や業務委託会社の人、インデペンデントコントラクター（独立業務請負人）など高度な技能を持つ専門家の反感を買い、仕事をしてもらえなくなってしまうことだってあるのです。

　一方で、そういう人が日本人に少なくないからこそ、きちんとした丁寧な「大人の英語」を使いこなせることで**「あ、この人は他の人と違う」**と相手に印象づけることができます。
　きちんとした英語を使うことで、良い人間関係を築くことができるわけです。

　この章では、そのような「大人の英語」で書かれた模範例文を集めました。

【依頼】

取引先に契約書の送付を依頼する

❶
Thank you for selecting us as a **business partner**.

To ship the tools by 20th November, we would like to **exchange the contract**.

❷
Please can you sign the **enclosed** contract and return it **by post** by 10th October.

❸
If you have any question, **please do not hesitate to** call us.

☆重要表現
- **Thank you for**［〜を（してくださり）ありがとうございます］
- **business partner**［取引先、仕事のパートナー］
- **exchange...contract**［契約を交わす］
- **Please can you....**［〜していただけますか］
- **enclosed**［同封の］
- **by post**［郵送で］
- **please do not hesitate to**［遠慮なく〜してください］

✓ チェックポイント

❶ メール冒頭で新しい取引について感謝の言葉を述べています。very much をつけると大げさなので、**Thank you for** でいいでしょう。

❷ **Please can you....**（〜していただけますか）は何かを依頼する場合の丁寧な言い方です。このケースはすでに何度か取引をしている相手であり、契約書の送付は難しい事柄ではないので、このような言い方でいいでしょう。

❸ 何かご質問があれば遠慮なくお問い合わせください、という意味です。

@May_Roma's tips

自社の製品を買ってくれた取引先に対して売買契約書をお送りくださいと依頼するメールです。売買契約書を交わすのは事務的な作業ですので、それほど難しいことをお願いするわけではありません。メールでは手短に用件を伝えるのがよいでしょう。If you have any question, please do not hesitate to call us.（ご質問がある場合はお気軽にお問い合わせください）はビジネスメールの最後につけることが多い表現なので、覚えておくと便利です。

日本語訳

　このたびは弊社をビジネスパートナーに選んでくださりお礼申し上げます。11月20日までに工具を発送するために契約書を取り交わしたく存じます。同封の契約書にご署名の上、郵送にて10月10日までにお送りいただけますでしょうか。ご質問がある場合はお気軽にお問い合わせください。

【依頼】
部下に残業を頼む

❶ As you will all be aware our tenders to build 500,000 widgets for the XCXCY company, and 600,000 widgets for the VCVCF company were both successful.

We never expected both tenders to be successful and ❷<u>there is now an opportunity for extra overtime</u>.

❸ **Will you be willing to work overtime** to allow us to complete the order on schedule?

❹ **Please let** the Human Resources Manager **know** by Friday whether or not you will be willing to work overtime.

☆重要表現
- **Will you be willing to**［あなたは〜する意思はありますか？］
- **work overtime**［残業する、時間外勤務をする］
- **Please let...know**［〜に知らせてください］

✓チェックポイント

❶ 残業が発生する理由をまず説明しています。背景を手短に書くことで、同じ情報を共有していることを確認することは重要です。
❷ 残業が生じる可能性があることを伝えています。
❸ **Will you be willing to** はとても丁寧な依頼の表現です。Can you work overtime? や You must work overtime. と言うよりも、相手が気持ちよく応じてくれる可能性が高いでしょう。「あなたは残業をする意思はありますか？」

と、婉曲に本人の「意思」を確認しているのがポイントです。

❹ 金曜日までに人事部長に知らせてください、と伝えています。**Please let...know**は「知らせてください」と言うときの丁寧な言い方です。Pleaseをうっかりつけ忘れてしまうと、軍隊で使われるような命令調になってしまいますので注意しましょう。

> **@May_Roma's tips**
>
> 通常、英語圏では工数管理はマネージャーの役割です。「今後残業が発生する背景および可能性」を明記することによって「この状況は私の力が及ばないところにある」としているわけです。「あなたが事前に予測して工数調整しないからこういうことになる。私は残業しません」と部下に言われるのを未然に防いでいるわけです。
>
> ❸のように聞かれた場合、部下は「意思がある」あるいは「ない」と回答します。「意思がある」と答えた場合は「自ら希望して残業する」ことになりますから、上司が残業を強制したことにはなりません。強制したという証拠が残ってしまうと、後で揉める可能性がありますので、このような言い方をするのです。

ビジネスの場では、人に作業を依頼するということが頻繁に発生します。いくら気心が知れている相手であっても、依頼文の書き方ひとつで心証を悪くしてしまうことだってあります。英語圏は人間関係がフランクだとはいっても、そこは大人の世界です。部下や業者に対しても、相手が気持ちよく作業してくれるように、なるべく丁寧な表現で、依頼内容を分かりやすく伝える必要があります。

日本語訳

皆さんにお知らせしますが、われわれは50万個の機械装置を組み立てるXCXCY社の入札と、60万個の機械装置を組み立てるVCVCF社の入札の両方を落札しました。両方の落札は全く予期しておらず、これからは残業をする機会が生じます。予定通り注文品を納品するために、残業してくださる意思はありますでしょうか？ 金曜日までに残業する意思があるかどうかを人事部長に知らせてください。

【依頼】

同僚に作業を依頼する

I have just about completed the report about the possible expansion options for our Big Tasty Sweets company client.

❶ Please will you be able to read and comment upon the report ❷on Wednesday or Thursday?

The report needs to be finalized on Friday and ❸your comments will be **much appreciated**.

☆重要表現

- **Please will you be able to**［〜をお願いできないでしょうか］
- **much appreciated**［大変ありがたいです、とても助かります］

✓ チェックポイント

❶ Can you...？と書くよりもはるかに丁寧です。
❷「いついつに」と、日にちを示しています。
❸ **much appreciated** はオフィスの頻出フレーズです。

@May_Roma's tips
ポジションが同程度で、仲の良い同僚に作業を依頼する場合でも「親しき仲にも礼儀あり」です。

日本語訳
　わが社のクライアントであるビッグ・テイスティー・スイーツ社の拡大のために可能な選択肢についての報告書をほぼ完成させたところです。水曜日か木曜日に報告書を読んでコメントをいただけないでしょうか？　報告書は金曜日までに仕上げる必要があるため、コメントをいただけると大変ありがたいです。

【依頼】

友人に息子の送迎をお願いする

❶
On Tuesday I will be taking my car into the garage to have the left side front passenger door replaced, and the dent in the left wing knocked out and repaired.

The garage has indicated that the work will be done between 7AM and 2PM.

❷
Please can you take my son to school on Tuesday morning?

Your help is **greatly appreciated**.

☆重要表現

- **Please can you...?** ［〜してくれませんか？］
- **greatly appreciated.** ［誠にありがたいです、大変助かります］

✓チェックポイント

❶ 息子のことをお願いすることになった経緯をまず説明しています。
❷ ただPlease take...と書くよりも丁寧な言い方になります。

@May_Roma's tips

友達であっても、何かを頼むときには丁寧な書き方をした方が人間関係が円滑になります。

日本語訳

　私は火曜日に車を修理工場に持って行き、左の助手席側ドアを交換して左のフェンダーのへこみをたたいて修理してもらう予定です。修理工場は朝7時から午後2時までの間に作業をしてくれると言っています。火曜日の朝に息子を学校に連れて行ってくれませんか？　力を貸してもらえると大変助かります。

【依頼】

頼みにくいことをお願いする

❶
This is an embarrassing letter to write.

❷
As you know I am currently **between jobs** at the moment after my previous employer was declared bankrupt.

❸
This has been a very challenging six months and my savings
❹
are gone, and I am rapidly reaching the limit on my credit cards.

❺
It would be greatly appreciated if you could lend me some money to help me through this difficult period.

I very much hope that you will be able to provide me with financial assistance. **I look forward to hearing from you** in the near future.

☆重要表現

- **This is an embarrassing letter to write.**
  ［この手紙を書くのはお恥ずかしい限りです］
- **between jobs**［失業中で］
- **This has been a very challenging....**［とても大変な…だった］
- **It would be greatly appreciated if**
  ［申し訳ないのですが、できれば〜していただけないでしょうか］
- **I very much hope that**［〜を心より願っています］
- **I look forward to hearing from you**［ご連絡をお待ちしております］

✓ チェックポイント

❶「この手紙を書くのがいかに恥ずかしいことか」と断ったあとに、

❷ 自分が務めていた会社が倒産し、現在仕事を探している、と自らの窮状を伝えています。**between jobs**は「仕事と仕事の間」、つまり働く気がないわけではないので、「仕事を探している」という意味合いを持たせてこう述べているわけです。I am currently unemployed. あるいは、I lost the job. と書くよりもスマートです。

❸ **a very challenging six months**は、「とても大変な半年間」の意。challengingは「挑戦しがいのある」=「大変」という意味で使います。

❹ クレジットカード（で借りられる限度額）の上限（limit）にもうすぐ達してしまう（rapidly reaching）という意味です。

❺「申し訳ないが、できれば〜してくれないか」と頼んでいます。ビジネスの場でもかなり無理なことをお願いする場合に使うフレーズです。

@May_Roma's tips

失業中でお金に困っている人が、友達に借金を申し込む手紙の例です。時には頼みにくいことを友達や同僚、親戚にお願いしなければならないことがあります。その筆頭はお金に関わることでしょう。この例のように困っている状況を具体的かつ手短に伝えることは、相手の感情に訴える上で大変効果的です。

❸のchallengingは日本語で考えるとなかなか浮かんでこない表現ですが、ビジネスの場でchallenging project（難しいプロジェクト）などと言ったりします。単にdifficult projectよりも「私はこれと戦います」というニュアンスが伝わるため、前向きな姿勢を伝えることができるというわけです。

日本語訳

　この手紙を書くのはお恥ずかしい限りです。ご存じの通り、私は前の会社が破産宣告を受けてから、目下仕事を探しているところです。とても大変な半年間で貯金を使い果たしてしまい、クレジットカードの限度額にどんどん近づいています。この困難な状況を乗り切るために、大変心苦しいのですがお金を貸していただけないでしょうか。経済的に援助していただけることを心より願っています。近いうちにお返事をくださいますようお願い致します。

【依頼】

新しく着任した課長が、出勤初日に秘書に作業を依頼するメールです。秘書はオックスフォード大学を卒業したイギリス人女性です。着任にあたり、新しいパソコンの準備と必要なアプリケーションへのアクセス申請、名刺の手配、部下との一対一のインダクションミーティングやチームの定例会の準備などが必要です。依頼する内容が多いため少々長いメールになっています。

新しい秘書に作業を依頼する

❶ Dear Ms Jones,

My name is John Smith, and I am the newly appointed manager of department A. ❷ I used to work for the Tokyo and Yokohama Engineering and Construction Company in their marketing and sales department. I worked there for six years and I am now looking forward to the challenges of working at department A.

❸ The Human Resources (HR) department gave me a set of introductory information about the company, and I have successfully joined the pension scheme and I have received my new email address and password, as well as a car park pass. I have also given HR my bank account details so that Pay Roll can ensure the payment of my salary. However, there are still several important tasks which need to be completed so that I am up and running at full speed in my new job. ❹ It would be very much appreciated if you would help me with the following: ❺

>>p.149

✓ チェックポイント

❶ 会ったことのない女性で、相手がどのように呼ばれるのを好むか分からない場合には、未婚・既婚の女性に使えるMsを使います。実際に会ったときに確認してファーストネームで呼ばれることを好む場合は、それでも構いません。

❷ 書き出しには、自分がこれまでどんな仕事をしてきたかなどの自己紹介を入れると親しみが増すでしょう。

❸ これまでに行われた事務手続きについて説明しています。

❹ It would be very much appreciated if you would...(〜していただけると大変ありがたく存じます)を使うことで、大変丁寧な依頼の表現になっています。Can you...? だと、少々失礼な表現になってしまいます。

❺ コロン(:)を使ってお願いしたいことを挙げています。

日本語訳

ジョーンズさん

　新しくA部署のマネージャーに任命されたジョン・スミスです。以前はトーキョーヨコハマエンジニアリング・コンストラクション・カンパニーの営業・販売部に勤務していました。6年間勤務し、今はA部署で働くことを楽しみにしております。

　人事部からは会社の基本的な情報を受け取っています。年金制度加入は問題なく、新しいメールアドレスとパスワード、さらに駐車許可証も受け取りました。また、人事部には銀行口座の情報を伝えたので給与は間違いなく支払われるはずです。しかし、まだ終わっていない重要な任務がいくつかあるため、新しい仕事は多忙を極めています。以下のことでお力を貸していただけると大変ありがたく思います。

---

p.148 >>

1. Prepare a new PC for my office and also a laptop for myself with authorised access to the required applications. For the office PC please ensure that the monitor has at least an 18 inch size screen. I am flexible over the brand of manufacturer of the PC. For the laptop I would prefer a Toshiba one which has a 12 inch sized screen. ⑨With regard to the applications, please make sure that I have access to the corporate client data base, as well as all the applications which my predecessor, Mr Turner used. I will mainly be using the laptop to respond to work emails and to gather information from the internet so a high speed internet capability is very important.

2. **Have my business cards printed.** ⑩I understand that we have to have our corporate logo included, as well as the name and job title and contact details. Obviously, the corporate logo will be the same, but I would like my name and titles given as: **John Smith**. Directly below my name ensure that my job title is given as **Manager of Department A.** On the card please ensure that my work mobile phone number is included, as well as a landline number to my office. ⑪I would like the card to have black lettering on a white background. I need 2,000 business cards printed. I would like to see a PDF file of the suggested design as soon as possible, and ⑫ideally by Tuesday 9th November. ⑬It would also be helpful if I could have three existing business cards to look at for comparison purposes. The three examples should also be of differing weights/thickness.

>> p.152

✓ チェックポイント

❻ For the office PC... に続けて、詳しい説明を省いていない点に注意してください。このように、英語は日本語に比べて対象物の詳細を省略せずに書くのが特徴です。

❼ please ensure that...（～ということを確認してください）で、パソコンモニターのサイズやメーカーなどについての要望を伝えています。

❽ For the laptop I would prefer a Toshiba one は、「できれば東芝のノートパソコンがいいです」という意味。

❾ ここでは顧客データベースのアプリケーションを挙げていますが、職種に応じて必要なアプリは異なってきます。

❿ 秘書が何度も確認しなくても済むように、作ってもらいたい名刺の内容について具体的に指示しています。

⓫ I would like...（～をお願いします）で、自分の希望を丁寧に伝えています。

⓬ できれば11月9日までにデザインのPDFを見たいと書いています。

⓭ It would also be helpful if...（また、～していただけると助かります）も、希望することを丁寧に伝える言い回しです。

日本語訳

1. **オフィスに使用許可の出ているアプリケーションをインストールしたパソコンと個人用のノートパソコンを用意してください。** パソコンについてはモニターが少なくとも18インチサイズのスクリーンであることを確認してください。メーカーに関してはこだわりはありません。ノートパソコンはできれば12インチサイズの東芝のものがよいです。アプリケーションに関しては、前任者のターナー氏が使っていた、法人顧客を含むすべてのデータベースへのアクセス権があるかどうかを確認してください。主にノートパソコンを使用してメールに返信したりインターネットで情報収集をするため、高速インターネットがとても重要となります。

2. **名刺を印刷してください。** 名前と肩書き、問い合わせ先のほか会社のロゴも必要です。会社のロゴは他の人と同じでしょうが、名前の表記は**John Smith**、その下の肩書きは**Manager of Department A**としてください。名刺にはオフィスの固定電話番号だけでなく、仕事の携帯電話番号も入れてください。名刺は白地に黒の文字がよいです。2000枚の名刺を印刷していただく必要があります。できるだけ早く、理想としては11月9日火曜日までにPDFで推奨デザインを確認したいです。また比較のために、すでにある名刺を3枚いただけると助かります。3枚の見本は重さや厚さの異なるものがよいです。

p.150 >>

3. **Schedule the ⑭induction meetings with each of our team members.**

I understand that there are 10 people in our team. I need to have one to one induction meetings with each member of our team. ⑮Please allocate no more than 30 minutes for each induction meeting. I would like the induction meetings to take place on the afternoons of Wednesday 10th November, Thursday 11th November and Friday 12th November. Please give members of the team time slots between 1 to 4:30PM to choose from. ⑯It would be helpful if a maximum of 4 induction meetings took place on any one afternoon. ⑰That ensures that I do not have information overload. It would be good if the induction meetings schedule could be put in my diary by close of play on Tuesday 9th November. I have lots of other meetings to schedule and it will be good to be able to know when the induction meetings are definitely taking place. In order to be prepared for my meetings with the team members ⑱it would be helpful if you could provide me with personnel records of all our team. I would like to receive this information ⑲in a paper format on Tuesday morning.

>> p.153

✅ **チェックポイント**

⑭ induction meetingとは、顔合わせのためのミーティングのこと。

⑮ 面談の時間を一人当たり30分以内にしてください、と指示しています。

⑯ 「一日の面談を4つまで」と制限することで、同じ日にすべての面談を詰め込んだり、逆にほとんど行われなかったりすることを防いでいるわけです。

⑰ That ensures that...（それによって〜が保証される）で、なぜそうする必要があるのかを説明しています。

⑱ it would be helpful if... (〜していただけると助かります) で、チームメンバー全員の人事記録を用意してくださいと丁寧にお願いしています。
⑲ データよりプリントアウトしたものの方が確実で安心、ということです。

日本語訳
3. **チームメンバー一人ひとりとの顔合わせのミーティングを組んでください。** チームメンバーは10名だと伺っています。私はチームのメンバーのそれぞれと一対一で顔合わせのミーティングをする必要があります。各ミーティングは30分を超えないようにしてください。ミーティングは、11月10日水曜日、11月11日木曜日、11月12日金曜日の午後に行いたいです。チームメンバーが午後1時から4時半までの間から時間帯を選べるようにしてください。一日のミーティングが4件を超えないようにしてください。数を制限すれば情報のオーバーフローで困りませんので。11月9日火曜日の就業終了時刻までに予定が分かると助かります。他に決めなければならない会議も多いので、スケジュールがはっきりすると助かるのです。ミーティングの準備のために、全チームメンバーの人事記録を用意していただけると助かります。火曜日の朝に紙で受け取れたらと思います。

p.152 >>

4. **Organise a regular staff meeting of our team.** I would like to have a brief staff meeting to take place ⑳on Friday 12th November at 10AM, and scheduled to last no more than one hour. I do not like long meetings. Please try and book the conference room for our regular staff meetings. ㉑The staff meetings can then be run on a bi-weekly basis. Please ask members of the team to let you know by close of play (5PM) on Wednesday 10th November any item which they would like to have on the main ㉒agenda. Please then let me know on Thursday morning any items which have been requested to appear on the agenda. I will then approve the agenda, and then ㉓please distribute the agenda to our team by email on Thursday afternoon. Please repeat this procedure for all subsequent staff meetings.

>> p.154

✅ チェックポイント

❷⓿ 部内会議の日時を指定しています。

❷❶ 今後、部内会議を2週間ごと（bi-weekly basis）に開くと伝えることで、秘書はスケジュールが立てやすくなります。毎週会議を行うのは頻繁すぎて仕事に支障が出る、というわけです。

❷❷ agendaは議題を列挙したもので、会議を円滑に進めるために必要です。

❷❸ 「いついつまでに」チームメンバーにagenda（議題）を配布してください、と指示を出しています。

日本語訳

4. チームの定例会議の予定を組んでください。 11月12日金曜日の午前10時に手短な部内会議を1時間以内で終えるよう予定を組んでください。長い会議は好きではありません。定例会議用に会議室を確保するようにしてください。定例会議は2週間ごとにしましょう。チームのメンバーに、11月10日水曜日の終業（午後5時）までに議題に加えたいことを知らせてくれるようお願いし、挙げられた議題を木曜の朝に教えてください。私が議題を承認後、木曜の午後部内にメールで知らせてください。今後すべての定例会議でこの手順に従ってください。

....

p.153 >>

All of the above tasks are important, and your insight and involvement are greatly appreciated. ❷❹ If I have missed out something which you feel is important then please feel free to let me know. I will be in my office by 6AM on most days and it would be good to talk about the above assignments. I look forward to seeing you later this morning.
❷❺ Thanking you in anticipation.

❷❻ Yours sincerely,

John Smith

Manager of Department A

....

✅ チェックポイント

❷❹「何か重要なことで抜けていることはないでしょうか」と、優秀な秘書に確認するとても丁寧な言い回しです。これでチームの前で恥をかかずに済むというわけですね！

❷❺ お願いしたことについて、事前に「ありがとうございます」と感謝の意を伝える礼儀正しい表現です。

❷❻ 秘書にあてたメールなので、少しフレンドリーに Kind Regards（よろしくお願いします）としても構いません。

日本語訳

　上記のタスクはすべて重要ですので、ご協力いただけると大変助かります。重要なことが漏れていたら遠慮なく知らせてください。ほぼ毎朝6時にはオフィスに来ていますので、以上の仕事についてお話できたらと思います。後ほど、本日の午前中にお会いできるのを楽しみにしております。

　前もってお礼申し上げます。

敬具
ジョン・スミス

A部署マネージャー

【アポイントメントを取る】

修理を予約する

❶
I would like to make an appointment to have my car serviced.

I will be happy to wait at the garage ❷whilst the car is being serviced. **I will be able to** bring my car into the garage any day over the next two weeks.

❸
Ideally I would prefer a Wednesday or a Thursday appointment.

I look forward to hearing from you soon.

☆重要表現
- **I would like to**［～したいと思っています］
- **make an appointment**［予約を取る、約束する］
- **I will be happy to**［～させていただきます、喜んで～します］
- **I will be able to**［～できると思います］
- **Ideally I would prefer**［～が私にとっては理想的です］
- **I look forward to hearing from you soon.**
  ［なるべく早いご連絡をお待ちしています］

✅ チェックポイント

❶ 最初の文で「〜の予約をしたいのですが」と端的に書いています。

❷ **whilst**（〜する間に）はwhileと同じで、主にイギリスで使われます。

❸ **Ideally I would prefer**で「できればこの日で」と、自分が希望する曜日を伝えています。

@May_Roma's tips

これは地元で人気があり、常に予約が一杯の自動車修理工場の予約を取るためのメールです。ビジネスの場では、アポイントメントを取るメールを書く機会が頻繁にありますが、その書き方ひとつで、仕事が成功するかどうかが左右されてしまうことがあります。

日本語訳

車を修理してもらうために予約を取りたいと思っています。車の修理が行われている間、修理工場で待たせていただきます。2週間以内であればどの日でも、修理工場に車を持ち込めます。理想としましては、水曜日もしくは木曜日の予約が取れればありがたいです。なるべく早いご連絡をお待ちしております。

【申し込む】

ミーティングを申し込む

❶ I will shortly be visiting London on 27th May and returning to Tokyo on 29th May.

❷ **I assume** you have a very busy diary but ❸ **I would very much appreciate it if you could arrange to meet up** with me on 28th May 2014.

❹ **There is a great deal to** discuss about the new product range and **I would be happy** for the meeting to in part be done as a breakfast or lunch meeting.

I look forward to hearing from you.

☆重要表現

- **I assume (that)**［〜ということを承知しています］
- **I would very much appreciate it if you could**
  ［〜していただけると大変ありがたく存じます］
- **arrange to meet up**［(人と) 会う約束をする］
- **There is a great deal to**［〜することがたくさんある］
- **I would be happy**［大変幸いです］
- **I look forward to hearing from you.**［ご連絡をお待ちしております］

✓ チェックポイント

❶ メールの冒頭で自分が近いうちにロンドンに出張することを切り出しています。

❷ **I assume...but** で、相手が忙しいことを承知しているが、「もしお会いできればありがたい」と伝えています。

❸ **I would very much appreciate it if you could arrange to meet up...** は、「できれば何日にお会いしたい」と丁寧にお願いするときに使われる定型フレーズです。

❹ ミーティングの目的を簡単に述べてから、希望する時間帯を伝えています。

@May_Roma's tips

忙しい相手に対してミーティングを申し込むメールの例です。相手が多忙な場合、用件を単刀直入に述べることが大切です。

なお、英語圏では特に目的がなく、相手にとっての利益(ベネフィット)がないミーティングの申し入れは嫌われます。日本のようにあいさつをするためだけの表敬訪問のような習慣はありませんので注意しましょう。

日本語訳

　私は間もなく5月27日にロンドンに行き、5月29日に東京に戻ってくる予定です。お忙しいことは承知しておりますが、2014年5月28日にお会いする約束ができましたら大変ありがたく存じます。新しい取扱製品について話し合うことがたくさんありますので、打ち合わせの一部を朝食、もしくはランチミーティングという形でできましたら幸いです。ご連絡をお待ちしております。

【申し込む】

面談を申し込む

❶
I very much enjoyed your lecture on marketing strategies for new ventures.

❷
Please can I arrange an appointment to meet with you to talk further about the topic?

❸
Thanking you in anticipation.

☆重要表現

- **I very much enjoyed**　［〜はとても面白かったです］
- **Please can I...?**　［〜してもいいですか？］
- **Thanking you in anticipation. / Thank you in advance.**
  ［よろしくお願いします、あらかじめお礼申し上げます］

✓チェックポイント

❶「先生の講義はとても楽しいものでした」と、相手を褒めています。このようなひと言を加えることで、印象が良くなります。

❷ 質問の形をとってはいますが、「会ってほしい」とお願いしているわけです。いきなり Can you meet me...?（会ってもらえませんか？）と書くよりも、相手に敬意を表す書き方になります。

❸ **Thanking you in anticipation.**（よろしくお願いします）は、一緒に仕事をしたり話したことがある比較的親しい相手に対して、それほど重要ではないことや、定期的に発生する作業を依頼する際に、メールや手紙の最後に入れるフレーズです。**Thank you in advance.** でも構いません。その頼み事が断られることがないという前提で使われます。

> **@May_Roma's tips**
>
> 留学生の場合、語学学校や大学の先生に何かをお願いすることがあります。しかし、語彙や表現力が不足しているため、命令口調になってしまう人が、実は少なくありません。英語圏は日本に比べて教師と生徒の関係がフランクだとはいっても、やはり相手は先生であり目上の人なので、何かを依頼する場合には注意が必要です。また、講義や指導内容について常に感謝の気持ちを表すことも重要です。

　この学生は、講義で何度も先生と顔を合わせて話したことがあるという関係なので、Thanking you in anticipation. を使っていますが、よく知らない相手や、フォーマルな場合は、Sincerely yours（敬具）などを使います。例えば、学術会議で一回会っただけの相手や面識がない人の場合は、Sincerely yours を使うのがいいでしょう。

日本語訳
　新しいベンチャー企業のためのマーケティング戦略についての先生の講義はとても面白かったです。そのトピックについてさらに話し合うために、お会いするアポを取らせていただいてもよろしいでしょうか？　まずはお願いまで。

【謝罪する】

欠席したことを謝罪する

❶
I am writing this email to apologize for not attending our meeting which had been scheduled for 30th September.

❷
I had expected the journey to work to take one hour and **if all had gone to plan** I would have been at the office well before the meeting started. **Unfortunately**, there was an incident on the train line and that caused a three hour train delay.

❸
Once again I am very sorry for not attending our meeting.

Hopefully we can arrange another meeting for the near future.

☆重要表現
- **I am writing this email to apologize for**
  ［〜についておわびするためにこのメールを書いています］
- **I had expected**［私は予想していた］
- **if all had gone to plan**［すべて計画通りに進んでいれば］
- **Unfortunately**［あいにく、不運なことに］
- **Once again I am very sorry for**［〜について重ねておわびします］
- **Hopefully we can arrange another meeting for the near future.**
  ［近い将来、またミーティングを設定できればと思います］

✅ チェックポイント

❶ メールの冒頭から **I am writing this email to apologize for**（〜について謝罪するためにこのメールを書いています）と、非が自分にあることをはっきり認めているのがポイントです。
❷ ミーティングに出席できなかった理由を相手に分かるように説明しています。
❸ **Once again I am very sorry for**（〜について重ねておわびします）と繰り返すことによって謝罪の気持ちを再度伝えています。

@May_Roma's tips

ミーティングに出席できなかった人の謝罪のメールです。ビジネスやプライベートで、人は時にミスを犯すこともあります。例えばミーティングの日時を間違えてしまった、予期しないアクシデントのためイベントに出席できなかった、締め切りに間に合わなかったなど、その理由はさまざまです。このようなときにはまず自分の非を認めてその理由を説明してから、最後に謝罪を繰り返すことで誠意を示すことが大切です。

日本語訳

9月30日に予定されていたミーティングに出席できなかったことをおわびするためにこのメールを書いています。1時間あれば通勤できるはずでしたので、予定通りに行っていればミーティングが始まるかなり前に会社に着いていたはずでした。あいにく路線で事故があり、それにより電車が3時間遅れました。ミーティングに出席できなかったことを重ねておわび申し上げます。できれば近いうちにまたミーティングを持ちたいと思っております。

> 実践編

【謝罪する】

ある飲料メーカーが実施したネット上のキャンペーンについての謝罪文です。

企業として謝罪する

❶
Our "Share A Coke" promotion, which is running in several markets around the globe, is intended to allow people to take the Coca-Cola script and replace it with their name on the can.

❷
Unfortunately, in South Africa, the digital version of the "Share a Coke" promotion did not limit the customization to individuals' names. Specifically, the name and message auto-generator on our South Africa "Share A Coke" website would not accept the word "Gay", but did accept the word "Straight".

❸
This isn't how the program was supposed to work, and we've pulled the site down until we can fix the problem.

❹
We apologize for this mistake. As one of the world's most inclusive brands, we value and celebrate diversity. We have long been a strong supporter of the LGBT community and have advocated for inclusion, equality and diversity through both our policies and practices.

(出典:http://www.coca-colacompany.com/coca-cola-unbottled/we-apologize)

✓チェックポイント

❶ 最初の段落で問題となったキャンペーンの概要について説明しています。
❷ 問題となった南アフリカ版の事件について具体的に説明しています。
❸ 企業として問題にどう対処しているかを簡単に述べています。
❹ 顧客に対する謝罪の言葉を述べ、LGBT（レズビアン、ゲイ、バイセクシャル、トランスジェンダーの頭文字をとった性的少数者を表す言葉）への支持を表明しています。

> **@May_Roma's tips**
> ユーザーが名前を入力すると、コカ・コーラの缶に記載される名前を変えることができるというキャンペーンでしたが、Gay（ガイ）という名前がシステム上受け付けられませんでした。Gayには「ゲイ」＝「同性愛者」という意味があり、一方でStraight（ストレート）＝「異性愛者」は受け入れられたことが、同性愛者差別だとして大変な問題になったわけです。

　企業の文書でよく目にする **We apologize for any confusion this may have caused.**（これにより生じたかもしれない混乱について謝罪致します）というフレーズは注意が必要で、真意は「私どもが発表した情報はアナタにより異なる解釈をされ、アナタは混乱したかもしれませんが、私たちは何も悪くありません」という意味です。要するに何も謝っていないということです。

　また、**We apologize for the delay this may have caused.**（これにより発生したかもしれない遅延について謝罪致します）、**We apologize for any inconvenience caused.**（これにより生じた不便に対して謝罪致します）は、電車や飛行機が遅れたり、ネットワークの工事が遅延した場合の頻出フレーズで週に２回は耳にするわけですが、これも注意が必要です。「アナタ様にはこの問題により遅延が生じて迷惑をかけたかもしれませんが、私どもは精一杯やっているので悪くありません」という意味です。

日本語訳
　わが社の販促キャンペーン「コーラを分かち合おう」は、世界中のいくつかの市場で行われており、缶のコカ・コーラの文字を自分の名前に置き換えることができるというものです。
　あいにく南アフリカでの「コーラを分かち合おう」キャンペーンのデジタル版では、カスタマイズを個人名に限定していませんでした。具体的に言うと、わが社の南アフリカ版「コーラを分かち合おう」サイトの名前とメッセージの自動生成プログラムは「Gay」という言葉を受け付けなかったものの、「Straight」という言葉は受け付けました。
　これはこのプログラムが本来意図したことではなかったので、われわれは問題を修正するまでサイトを閉鎖することにしました。
　このミスについて謝罪致します。私たちは世界で最も受け入れられているブランドのひとつとして、多様性を尊重し称賛しています。われわれは長い間、性的少数者グループを強く支援してきましたし、政策と実践の両方を通じて彼らを受け入れることや平等、多様性を提唱してきました。

【紹介】 新しい職場で自己紹介する

❶ **I would like to take this opportunity to introduce myself** to all of my new colleagues. Some of you will have met me when I visited the company and was interviewed in April.

❷ I graduated from ABCD University five years ago and joined ASDFS Ltd, a small retailing business at Ealing as a graduate trainee. After successfully completing the general training ❸ programme **I specialized in** accounting and **I qualified as** an accountant last summer.

❹ **I am excited about** working for the Big XYZ Company Ltd, and **I look forward to** getting to know all of my new colleagues.

☆重要表現

- **I would like to take this opportunity to introduce myself**
  ［この場をお借りして自己紹介をさせていただきます］
- **I specialized in**［私は〜を専門にしました］
- **I qualified as**［私は〜の資格を取りました］
- **I am excited about**［〜にワクワクしています］
- **I look forward to**［〜を楽しみにしています］

✓ チェックポイント

❶ ビジネスの場で自己紹介をするときの決まり文句です。
❷ 出身校や仕事の経験など、自分のこれまでの経歴を簡単に紹介しています。
❸ **programme**（プログラム）はprogramと同じで主にイギリスで使われます。
❹ **I am excited about working for...**（〜で働くことにワクワクしています）と、新しい職場に対する積極的な姿勢を見せることで、フレッシュで前向きな印象を与えることができます。

@May_Roma's tips

新しい会社に着任した際の自己紹介文です。ビジネスの場でも私生活でも、自己紹介のメールや手紙を書く必要が生じる場合があります。自己紹介をするときには過去の経験についてや、自分にはどんな強みがあるか、何が得意か、どんな資格があるかなどを積極的にアピールすることがとても重要です。自分を売り込むことで、社内の人間関係作りに役立つかもしれませんし、プロジェクトなどに誘ってもらえる可能性があるからです。「待ち」の姿勢だと何も起こりません。自分から働きかけていくことが大切です。日本風の「謙遜」は通じないということを覚えておきましょう。

ちなみに、日本風にあえて失敗談を紹介したり、謙遜の意味で悪いことを言ったりすることは絶対に避けなければなりません。例えば「うちの愚妻が」などという表現は英語圏では禁句です。日本風の謙遜表現は言葉通りに取られ、奇異に感じられます。

日本語訳

新しい同僚の皆さまに自己紹介をさせていただきます。会社訪問の際や、4月に面接を受けたときにお目にかかった方もいらっしゃるでしょう。私は5年前にABCD大学を卒業し、新卒研修員としてイーリングの小さな小売業の会社、ASDFS社に就職しました。一般研修プログラムを無事終えた後、会計を専門にし、昨年の夏に会計士の資格を取りました。Big XYZ社で働くことにワクワクしており、新しい同僚の皆さまと知り合うのを楽しみにしています。

【紹介】

新人を紹介する

❶ **As you are all aware** our company is going through an exciting period of expansion.

Yesterday there were interviews and presentations for the marketing administration job, and ❷ **I am happy to say that** Suzi Tanaka was offered and she has accepted the job. She will officially start working at our company on Monday.

Suzi graduated from ABCD University last summer and she has spent the last six months doing voluntary work in Ghana on irrigation projects.

❸ **I know that you will all make** Suzi **welcome** in our company.

☆重要表現

- **As you are all aware**［皆さんもご存じのように］
- **I am happy to say that**
  ［～をお伝えできてうれしいです、～をお知らせします］
- **I know that you will all make...welcome**
  ［皆さんは…さんを歓迎してくださるに違いありません］

✅ チェックポイント

❶ **As you are all aware**（皆さんもご存じのように）と、会社の状況について話を切り出しています。

❷「タナカさんが採用されました」ということを伝えています。**I am happy to say**（お伝えすることができてうれしいです）という表現を使って歓迎の気持ちを表しているわけです。

❸ **I know that you will all make…welcome in our company.**（皆さんは…さんを歓迎してくださるに違いありません）は、会社に新しいメンバーが加わった際によく使われる定型表現です。日本語だとちょっと不思議な感じがする言い方に思えますが、英語ではよく使われます。

@May_Roma's tips

職場に新しく採用された人を紹介するメールです。英語圏の優秀な上司は、新しく着任した人の長所を見つけて他部署や取引先、外注先の人などに売り込みます。「私のチームにはこんな素晴らしい人がいるのですよ」「私にはこんな素晴らしい人を探し出し、採用する能力がある」と、自分を売り込むことにもなるからです。また、その人の人柄が伝わる情報を紹介することで社内外の人間関係作りにも役立ち、ビジネスにも良い影響をもたらします。

日本語訳

　皆さんもご存じのように、わが社は活気ある発展の時期を迎えています。昨日、マーケティング管理職の面接およびプレゼンが行われ、スージー・タナカさんがその仕事に採用され、彼女が引き受けてくれたことをお知らせします。彼女は月曜日から正式にわが社で働くことになります。スージーは昨年の夏にABCD大学を卒業し、この半年間はガーナで灌漑事業のボランティア活動をして過ごしてきました。皆さんはきっとスージーを（わが社に）温かく迎えてくれることでしょう。

【紹介】
自社を取引先に紹介する

❶ **I work for** the largest brewery in Kanagawa.

The company has been brewing beer on the current site since 1952. The beer is exported to 23 countries around the world and it has won numerous awards in Japan, Germany and the UK. The company is a family run business and it is currently managed by the fourth generation of the Tanaka family.

❷ **I very much hope that** you like the samples that I have brought along with me today.

☆重要表現

- **I work for**［私は〜で働いています］
- **I very much hope that**［〜を心より願っています］

✓ チェックポイント

❶ I am a member of ...（私は〜に所属しています）という言い方はしませんので注意しましょう。
❷「何々を期待しています」という意味です。

@May_Roma's tips
面識のない人に自分の会社を紹介する場合は、その規模や歴史を簡潔にまとめることが重要です。日本ではよく知られている企業でも海外では無名ということもありますので、日ごろから英語で伝える練習をしておきましょう。

日本語訳
　私は神奈川で最も大きいビール工場に勤務しています。弊社は1952年以来、現在の場所でビールを醸造してきました。弊社のビールは世界23カ国に輸出され、日本やドイツ、イギリスで数々の賞を受賞してきました。家族経営の会社で、現在は田中家の4代目によって経営されています。本日持参したサンプルを気に入っていただけることを心より願っております。

【問い合わせ】

店に問い合わせる

❶
I have recently ordered two new widget products from your company. On the website it indicates that delivery will be in 3-5 working days.

❷
Please can you let me know the current status of my order? My reference number is 0123ABC.

❸
I look forward to hearing from you.

☆重要表現

- **Please can you...?** ［〜していただけますか？］
- **I look forward to hearing from you.** ［ご連絡をお待ちしております］

✓チェックポイント

❶ 自分が注文した商品について簡単に説明しています。

❷ 配達状況を「教えてくださいませんか？」とお願いしています。Pleaseをつけずに When can I get my products? とストレートに書くと、ぶしつけな感じになってしまうので気をつけましょう。

❸ 最後にこのひと言で締めくくると、印象がぐっと良くなります。

@May_Roma's tips

ネットで注文した製品の配達状況を問い合わせるメールです。店やレストラン、ホテルなどに問い合わせる場合でも、丁寧な書き方をした方が印象が良くなり、要求を聞き入れてもらえる可能性が高くなります。

日本語訳

　最近、御社の新しい製品を2つ注文しました。サイト上では配達は営業日で3日から5日以内と示されています。私の注文の現在の配達状況を教えていただけますでしょうか？　私の注文番号は0123ABCです。ご連絡をお待ちしています。

【問い合わせ】
公的機関に問い合わせる

❶ It has recently been announced on the local BBC news that there is going to be a new out of town shopping centre on the site of the old milk bottling factory.

❷ **Please can you give me an indication o**f when the demolition of the old milk bottling factory will **take place**?

When do you expect the construction work to start?

Also, ❸ when do you think that the shopping centre will open to the public?

I look forward to hearing from you soon.

☆重要表現
- **Please can you...?** ［〜していただけますか？］
- **give...an indication of** ［〜について示唆する］
- **take place** ［(計画されたことが) 行われる］
- **When do you expect...?** ［いつ〜と予想していますか？］
- **I look forward to hearing from you soon.**
  ［なるべく早いご連絡をお待ちしています］

✅ チェックポイント

❶ まず最初に「最近こんなことを、どこどこから聞いたのですが」と、情報の発信元とこの問い合わせの背景を説明しています。

❷ **Please can you...?**（〜していただけますか？）は単刀直入でありながら丁寧な言い方です。担当者はこうした質問に回答するのが仕事ですから、これ以上へりくだった表現にする必要はありません。

❸ ショッピングセンターがいつオープンするかという情報は一般公開されていないため、**when do you think...?**（〜と思われますか？）と、担当者個人の「予想」をたずねるフレーズになっています。

@May_Roma's tips

市役所の担当者に対して、取り壊される予定のビルについて詳しい情報を教えてください、と依頼するメールです。
英語圏で生活していると、市役所や警察署、税務署、病院、学校など公的機関の公務員に対して何かを依頼する機会が案外多いものです。このような場合にも、メールや手紙を書く際にちょっとした注意が必要です。公的機関の担当者は一日に何件もの問い合わせに対応するため、こちらが何を問い合わせているのかを瞬時に理解してもらうために、説明を簡潔にすることが大切です。このような配慮があると相手も悪い気はしませんので、返答のスピードが上がるというわけです。

日本語訳

　最近、BBCのローカルニュースで、古い乳製品工場の跡地に新しい郊外型のショッピングセンターができるという発表がありました。古い乳製品工場の取り壊しがいつ行われるかについての見通しを教えていただけますか？　建設工事はいつ始まると予想されていますか？　また、ショッピングセンターがいつオープンすると思われますか？　なるべく早いご返信をお待ちしております。

【問い合わせ】
仕事で問い合わせる

❶ **I understand that** there have been several complaints from customers who have bought our ❷crisps but suffered an allergic reaction to nuts.

❸ **Please can you** let me know how many customers have complained about nut contamination of our products?

❹ **What steps are being taken** to ensure that nut contamination does not happen again?

Please send me your reply by Friday morning.

☆重要表現
- **I understand that**［～と認識しています］
- **Please can you...?**［～していただけますか？］
- **What steps are being taken...?**
  ［どのような措置が取られていますか？］
- **Please send me your reply by**［～までにお返事をください］

✓ チェックポイント

❶ まず **I understand that...**（〜と認識しています）と書くことで、問題となっている苦情の内容を確認しています。相手と共通の認識の上に立っていることを確認することは、的確な質問をする上で大変重要です。相手が述べたことを自分の言葉で繰り返すのも有効です。

❷ イギリスではポテトチップスのことを**crisps**と言います。

❸ この文では苦情を申し立てた顧客の数をたずねています。いきなり、How many customers complained about nut contamination of our products? と書くよりも丁寧な聞き方です。

❹ **What steps are being taken...?**（どのような措置が取られていますか？）と、具体的な対応策についてたずねています。

@May_Roma's tips

問題になっている自社製品に対する苦情の詳細とその対応策について、顧客サービス担当者に問い合わせるメールです。

問い合わせのメールや、相手に何かを質問する際の書き方というのも、日本人にとっては案外難しいものかもしれません。日本人の中には、管理職や年配のビジネスマンでもいきなり Why...? と書いてしまう人がいますが、これは英語ではかなり失礼な書き方になってしまいますので注意しましょう。相手からより良い回答を引き出すために、質問する側も丁寧な書き方をすることが必須です。

日本語訳

　弊社のポテトチップスを購入してナッツにアレルギー反応を起こした顧客からの苦情が何件か来ています。弊社製品のナッツ混入について苦情を寄せている顧客の数を教えていただくことはできますでしょうか？　ナッツ混入の再発防止のためにどのような措置が取られているのでしょうか？　金曜朝までにご返答ください。

【提案する】
新製品を提案する

❶ At present our company sells a wide range of confectionary products and crisps from our shops.

❷ **I propose that** we also attempt to provide more seasonal products as a way of **boosting sales**.

❸ **In particular** ❹ **I suggest that** Easter eggs are sold in the two months period before Easter, and that over the summer months our shops should sell a range of ice cream products.

Given that our sales revenue has not grown over the last year ❺ **I believe that** we need to contemplate radical actions.

I look forward to receiving your response to the above ideas.

☆重要表現
- **I propose that**［私は～を提案します］
- **boost sales**［売り上げを伸ばす］
- **In particular**［特に、とりわけ］
- **I suggest that**［～を提案します、～してはいかがでしょうか］
- **I believe that**［～と思います］
- **I look forward to receiving your response**
  ［早急にお返事いただきますようお願い致します］

✓ チェックポイント

❶ まず最初に、その会社のビジネスの現状を簡潔に述べています。

❷ **I propose that...**で「私はこれを提案します」と、自分のアイデアをズバリと述べています。何かを提案するときの定型表現で、日本語のようにへりくだった書き方はしないので注意しましょう。

❸ **In particular**（特に~）で、イースターエッグやアイスクリームの販売時期などについての具体的な提案内容が続きます。

❹ **I suggest that**（~を提案します）は I propose that とほぼ同じ意味で、どちらも会議や議論の際によく使われる表現です。

❺ **I believe that**（~と思います）は、自分の考えを述べる際のさらに強い書き方です。データなど、主張を裏付ける資料を添えると説得力が増します。

@May_Roma's tips

お菓子メーカーで新製品を提案する文書の例です。
ビジネスの場で何かを提案するときには、このようにまず現状を整理し、「だからこれを提案したい」という流れで話を持っていくことが重要です。その際に丁寧な言い回しをした方が相手にきちんと読んでもらえますし、より洗練された提案として受け取ってもらえる可能性が高くなります。

日本語訳

　現在弊社は、幅広い菓子製品やポテトチップスを店舗で販売しています。売り上げをアップさせる方法のひとつとして、季節限定商品をもっと多く出すことを提案します。特にイースターエッグはイースターの2カ月前から販売し、夏季はさまざまなアイスクリーム製品を店舗で売るべきだと考えています。過去1年にわたり売上高が伸びていないことを受け、抜本的な対策を講じる必要があると思うのです。以上の提案に対するご返答をお待ちしています。

【褒める】

部下を褒める

❶ I would like to take this opportunity to thank all of the administration team **❷ for coping with** the increased amount of paperwork and customer enquiries following the launching of our discount coupons.

They have ensured that all of the customer discount vouchers were processed on time. **❸ This is an excellent achievement.**

I wish we keep **current performance** and improve our operation.

☆重要表現

- **I would like to take this opportunity to thank**
  ［この機会に皆さんにお礼申し上げます］
- **This is an excellent achievement.**
  ［これは大変素晴らしい功績です］
- **current performace** ［現在の成果］

✅ チェックポイント

❶「この機会に皆さんに感謝の言葉を述べさせてください」と、感謝の気持ちをストレートに伝えるフレーズです。**I would like to take this opportunity to**（この場をお借りして〜したいと思います）は、複数の人に改まって何かを伝えるときによく使われる言い回しですので、覚えておきましょう。

❷ 具体的にスタッフのどのような働きに対して感謝しているのかを述べています。

❸ **excellent** は「大変素晴らしい」、**achievement** は「達成したこと」という意味です。

　イギリス人は褒めるときにメールで簡単に well done, もしくは good job, と書くこともあります。北米に比べて表現が控えめですが、イギリスでは大変な褒め言葉となります。

@May_Roma's tips

サービス運用の責任者が、事務処理チームの仕事を褒めるメールです。
英語圏には、チームメンバーや部下、家族のことを積極的に褒める文化があります。特に北米では褒めることが盛んで、イギリスでは表現が若干控えめになりますが、それでも日本に比べると、相手のネガティブなところを指摘するよりも、できるだけ良いところを探して褒めるという機会が多くなります。同僚や部下、外注業者、他のチームなどが良い仕事をした場合には、恥ずかしがらずに徹底的に褒めるようにしましょう。日本式に控えめにする必要はありません。

日本語訳

　割引クーポンを始めたことで増加した顧客からの問い合わせや事務処理にうまく対応してくれたことに対して、管理チームの皆さんにお礼申し上げます。すべての顧客割引券が時間通りに処理されたことが確認されています。これは素晴らしい功績です。現在の作業を維持・向上させましょう。

【失望を伝える】
相手に失望を伝える

❶ I had expected to receive your assignment on Tuesday but you failed to **meet that deadline**, and instead handed in the assignment on Thursday morning.

❸ I am disappointed that you were not able to **keep to the** agreed **schedule** because your delay in handing in your work caused me a substantial amount of disruption.

Please make sure to meet the deadline next time.

☆重要表現
- **I had expected to**［～を期待していました］
- **meet ... deadline**［期限を守る］
- **I am disappointed that**［～にはがっかりしました］
- **keep to the ... schedule**［スケジュールを守る］
- **Please make sure to**［必ず～してください］

✓ チェックポイント

❶ **I had expected to...**（〜を期待していました）で、行われるべきだったことについて述べています。

❷ 「あなたは締め切りを守らなかった」という意味。**you failed to**（あなたは〜しなかった）と言うことで責任が相手にあることをはっきり伝えているわけです。

❸ **I am disappointed that**（〜には失望した）は大変強い表現なので、相手の明確な悪意や怠慢により問題が生じた場合や、相手が本当に悪いことをした場合などに使用を限定すべきです。

　天災や病気、交通機関の遅延、第三者の行為など、相手の力が及ばない理由により発生した問題の場合には、ここまで強く非難するのはフェア（公平）ではありません。

@May_Roma's tips

大学院の教授が自分の担当する博士課程の学生に対して、課題の提出が遅れたことについて失望を伝えるメールです。
ビジネスや私生活で、時には相手に対する失望を伝えなければならないことも出てきます。ネガティブなことを伝える際には、ポジティブなことを伝えるときよりも注意が必要です。特に書き言葉では、口頭で伝えるのに比べて顔の表情や声のトーンなどでメッセージを和らげることができませんから、細心の注意で言葉を選んでください。

日本語訳

　火曜日にあなたの課題を受け取るはずでしたが、あなたはその期限を守らず、代わりに木曜日の朝に課題を提出しました。あなたが合意されたスケジュールを守れなかったことは残念です。課題の提出が遅れたことで、私の方ではかなりの混乱が生じました。次回はくれぐれも期限を守ってください。

【意見を表明する】

賛成を表明する

❶ **I completely support** the proposal to change the colour of our plastic carrier bags from yellow to green.

❷ The idea has been accompanied by excellent market research and this does suggest that our customers will prefer the green carrier bags.

☆重要表現

- **I completely support**［〜を全面的に支持します］

♡チェックポイント

❶ **completely**（完全に）を入れることで「その提案を全面的に支持します」=「賛成します」と、支持する姿勢が明確になります。

❷ 賛成する理由が述べられています。いくつもある場合には、箇条書きにするといいでしょう。

@May_Roma's tips

自社のレジ袋の色を変更する提案に賛成するメールです。
日本人の感覚だと単にI agree.と書いてしまいそうですが、例文で使われているI completely support the proposal toの方が大人っぽい表現です。ちなみにI agreeを使う場合は、I agree with the proposal to... となります。

日本語訳

　わが社のレジ袋の色を黄色から緑色に変更する提案に全面的に賛成します。このアイデアには優れた市場調査の裏づけがあり、その調査は顧客が緑色のレジ袋の方を好むだろうということを示唆しています。

【意見を表明する】

反対を表明する

❶
I don't support the proposal to change the colour of our plastic carrier bags from yellow to green.

❷
Our company has always provided yellow carrier bags and that is an important part of our brand. If we change the colour of the plastic carrier bags this could damage our brand value.

☆重要表現

- **I don't support**［〜を支持しません］

✓ チェックポイント

❶ 反対を表明するときの書き方も、賛成の場合に準じます。**I don't support the proposal to**（その提案を支持しません）と反対の意思を示します。
❷ 反対する理由が論理的に述べられている点に注意しましょう。

@May_Roma's tips
自社のレジ袋の色を変更する提案に反対するメールです。
反対の意思を伝える場合にも、その理由をロジカルに説明することが必要です。

日本語訳
　わが社のレジ袋を黄色から緑色に変更するという提案に反対です。わが社はこれまで常に黄色のレジ袋を提供してきましたし、それはわれわれのブランドの重要な一部です。レジ袋の色を変えることはブランド価値を傷つけかねません。

【確認する】

会議の議題を確認する

In the enclosed document I have presented the agenda for the next Finance Committee meeting.

❶
Please can you verify the agenda.

Thanks in advance.

☆重要表現
- **Please can you verify**［〜を確認していただけますか］
- **Thanks in advance.**［よろしくお願いします］

✓ チェックポイント

❶ verifyは「間違いがないか確認する」という意味で、ビジネスの世界では頻出ワードです。よく使われるconfirmは「承認する」という意味にもなるので、この場合にはverifyを使う方が適当です。

@May_Roma's tips

会議の前にagenda（議題）を相手に確認してもらうための文面です。英語圏では、ビジネスの場でも私生活でもわりと頻繁に発生するのが、何かを確認する、という場面です。会議の議題や請け負った仕事などの内容は、事前に相手と書類を交わして合意を取りつけ、その証拠をメールや文書で残しておいた方が後々もめるのを防ぐことができます。

日本語訳
　同封した書類に次回の財務委員会の議題を提示しています。議題のご確認をお願いします。よろしくお願い致します。

【確認する】
仕事の内容を確認する

❶ **It was** recently **agreed that** there should be an overhaul of the tasks performed by the production workers.

❷ **Please can you have a read of** the enclosed list of tasks and ❸ verify it by the end of the week.

☆重要表現
- **It was agreed that**［〜について合意されました］
- **Please can you have a read of**［〜を読んでいただけますか］

✓チェックポイント
❶ 仕事の割り振りを見直すべきだという合意について述べられています。
❷ **have a read**（読む）は、イギリス風の表現です。
❸ ここでもリストが正しいかどうか確認してください、と **verify** を使っています。

@May_Roma's tips
英語圏では職務型雇用が当たり前なので、働く個々人が自分の担当作業についての契約書や職務内容を記した文書で確認することが珍しくありません。担当ではない作業をこなすよう求められることは多くありません。また、書類に記載された仕事と実際の作業に乖離がある場合は、職場の管理者や人事部に問い合わせたり不満を表明することが当たり前です。

日本語訳
　最近、生産ラインの担当作業の割り振りを見直すべきだと合意されました。同封の担当作業のリストに目を通して週末までにご確認をお願いします。

【誘う】
大学主催のセミナーに招待する

❶ Dear All,

❷ This is to invite you to the following research seminar which will take place on ❸ 19th February from 1.00pm to 3.00pm in the Big Seminar Room 123:

❹ Speaker: Dr John Smith, Big State University, Department of Communication
Title: How to communicate in public sector organizations
Theme Group: Communication and Management – All welcome
Lunch: will be served in the Big State University School of Communication Atrium, outside room 123. The ❺ Atrium will be busy with visitors to the student ❻ open day who will also be having lunch during this time, so ❼ **please make sure** you eat the right lunch!

❽ Kind Regards,

Billi

Billi Jones
Senior Administrator
Department of Communication
Big State University

☆重要表現

- **Dear All,**［皆さま、各位］
- **This is to invite you to**［これはあなたを〜に招待するもの（メール）です］
- **Speaker**［講演者］
- **Title**［題目］
- **Theme Group**［テーマグループ（あるテーマについて議論・研究するグループ）］
- **please make sure**［必ず〜するようにしてください］

✅ チェックポイント

❶ 不特定多数の相手にメールする場合には、**Dear All,**（各位）を使います。

❷ 「これはあなたを〜に招待するメールです」という意味。よく使われる書き出しの表現なので、覚えておくと便利です。

❸ 日時と場所が記されています。最後のコロン（：）は、セミナーの詳しい情報が続くことを示しています。

❹ **Speaker**は講演者、**Title**は題目、**Theme Group**はある事柄について議論したり研究するグループのことです。

❺ アトリウムは屋根がガラスやプラスチックで覆われたラウンジのこと。

❻ open dayは学校を開放して学外の人に見学してもらう、日本でいうオープンキャンパスの日のことです。

❼ **please make sure**（必ず〜するようにしてください）は英語圏の頻出フレーズ。

❽ Kind Regards,と、ややくだけた表現を使用していますが、相手と面識がない場合は、より丁寧なSincerely yoursを使うのが適当です。

@May_Roma's tips

メールの発信者は大学の事務職員で、参加者とは普段から仕事を通して交流があるので、若干カジュアルな文面になっています。注目すべきは、日本とは異なり冒頭に時候のあいさつが一切書かれていない点です。

日本語訳
各位
2月19日の午後1時から午後3時までビッグセミナールーム123で行われる下記研究セミナーにご招待するメールをお送りします。

講演者：ジョン・スミス博士、ビッグステート大学、コミュニケーション学部
題目：公共部門の組織において、どのように意思疎通を図るか
テーマグループ：コミュニケーションと経営 ── どなたでも歓迎
昼食：ビッグステート大学コミュニケーション学部、123番教室を出たところのアトリウムで出されます。アトリウムは、この時間にランチを食べるオープンキャンパスの学生で込み合いますので、正しいランチを食べられますようご注意ください！

敬具
ビリー（ビリー・ジョーンズ　シニアアドミニストレーター　コミュニケーション学部　ビッグステート大学）

【誘う】

友人を映画に誘う

I am thinking about going to the cinema on Thursday evening.

❶ Would you like to join me on the trip to the cinema?

I have also invited along our friends Peter and Edmund. **I am flexible** over the choice of film that we see.

We all had a good time on our last trip to the cinema so **❷ I very much hope that** you are available on Thursday evening.

❸ I look forward to hearing from you.

☆重要表現
- **Would you like to**［～しませんか？、～したいですか？］
- **I am flexible**［こちらは融通が利きます］
- **I very much hope that**［～を心より願っています］
- **I look forward to hearing from you.**［お返事を楽しみにしています］

✓ チェックポイント

❶ 友人同士であっても、Do you want to go to the cinema?（映画に行きたいですか？）と書くよりも、**Would you like to join me...?**（一緒に〜しませんか？）と書いた方が丁寧かつスマートです。

❷ 一緒に行くことを楽しみにしていると伝えています。若い人は I am excited to... や I look forward to... などを使いがちですが、**I very much hope that...** の方が、相手の都合を配慮しながら誘っているという印象を与える、控えめで大人っぽい表現です。

❸ **I look forward to hearing from you.**（お返事をお待ちしております）は、メールの文末に書く定形表現ですので覚えておきましょう。

日本語訳

　木曜日の夜、映画を見に行こうかと考えています。一緒に映画に行きませんか？　仲間のピーターとエドモンドにも声をかけてあります。見る映画の選択には柔軟に対応しますよ。前回映画に行ったときは皆で楽しい時間を過ごしたので、木曜日の夜に都合がつくことを心より願っています。お返事を楽しみにしています。

> 【実践編】

【誘う】

　ミリタリー（軍事）好きの40代の中流階級のイギリス人が、近所の空き地で翌月開催される大規模なミリタリーフェスティバルに友人を誘うメールです。2人は同じ趣味を持つ友人同士で、書き手はアメリカ人パイロットの格好で参加する予定ですが、友人が戦車を個人所有しているため、ぜひそれを持ってきてくれないかと頼んでいます。

友人をイベントに誘う

Dear Bill,

❶ How are you? Have you recovered from the British Beer Festival which we went to last month? I had a bad hangover for 2 days! We have another opportunity to meet up next month. On the 10th December there is going to be the Great Military Convention taking place at Little Village, on an area of open space. Would you like to come to the event? Kevin and Tommy have both said that they are definitely coming.

❷ There will be over 80 stalls this year. Indeed, there will be plenty of military books, models and replicas of tanks and aeroplanes, medal collections, parts and manuals for military vehicles and lots of military vehicles from the last one hundred years. I am hoping to buy a 1983 one day French ❸military ration to complete my collection of post-1970 rations. We can also all have a try of ❹one of my American rations from the Vietnam War. However, if it looks a strange colour and smells then perhaps we should only have a taste of the military ration. Otherwise we could all end up with gastroenteritis and having to go to hospital. On second thoughts a trip to hospital sounds fun. ❺We could then try hospital food.

>>p.192

✅ チェックポイント

❶ 最初の段落は導入部です。How are you?（元気？）と、相手の近況を尋ねるあいさつ代わりのフレーズで書き出して、その後にミリタリーコンベンションについての話題に移っています。

❷ この段落では、友人にイベントの詳しい情報を提供しています。

❸ military ration は軍用食のこと。保存性や携帯性に優れた缶詰にレトルトパックを組み合わせたタイプが主流です。

❹ one of my American rations は「僕のアメリカ軍用食のコレクションのひとつ」ということです。

❺ military ration（軍用食）を食べたらお腹をこわして「病院食に挑戦できるよ」と、ユーモアを交ぜています。病院行きになるかもしれないほどひどい食事、というわけです。

@May_Roma's tips

友人に送るメールはビジネスメールとは違って、フレンドリーかつ楽しく書きつつ、ただし用件はきちんと伝えるのがポイントです。

日本語訳

ビルへ

　元気？　先月のブリティッシュ・ビールフェスティバルから回復したかな？　僕は2日間ひどい二日酔いだったよ！　ところで来月また会う機会があります。12月10日に、リトルヴィレッジのオープンスペースでグレートミリタリーコンベンションがあるんだけども、行かない？　ケビンとトミーは両方とも間違いなく行くと言っていた。

　今年は80以上の屋台が出るよ。しかも、ミリ本、戦車や飛行機の模型やレプリカ、メダルのコレクション、軍用車両の部品やマニュアル、そして過去100年の軍用車両が多数出品予定。僕は1970年以降の軍用糧食コレクションを完成させたいので、1983年のフランスの軍用糧食（1日分）を買いたいと思ってるよ。ベトナム戦争時のアメリカ軍用糧食にも挑戦可能。でも、色が怪しかったり匂いが変だったら毒見だけにとどめておいた方がいいかも。じゃないと、お腹の調子が悪くなって皆病院に行くはめになるからね。でも、よく考えてみると病院に行くのも楽しいかも。病院食も食べられるからね。

p.190 >>

❻
They will be having a competition for who has the best military and nurses uniforms from the Second World War. I think it should be good, but Tommy still says that maid-san uniforms are the best! Tommy always has to have a different view to everyone else.

❼
There will be a re-enactment of the UK home defence training activities which should be fun. However, don't wear your German uniform until we get to the event, otherwise we could be shouted at again. I am going to wear my WWII American pilot uniform with the brown leather flying jacket.

❽
Have you repaired the gearbox and the leaking oil pipe on your Panzer II tank? I hope that you have and that your tank is working again. It would be great if you could bring your tank to the convention. The Panzerkampfwagen II is such a cool tank. I will remember to bring my ear plugs with me as last time I was in your tank it was really noisy, and I had ringing in my ears for 3 days.

>> p.193

✓ チェックポイント

❻ 軍服や看護服のコンテストが開催されるという情報に加え、「メイドさんユニフォーム」が大好きな友達トミーの話が続きます。

❼ 自分は当日、第二次世界大戦のアメリカ人パイロットのユニフォームを着るつもりだと述べています。

❽ この段落では、tank（戦車）についての熱い語りが入ります。友人が所有している戦車をぜひ持ってきてほしいと頼んでいます。

日本語訳

　第二次世界大戦の軍服や看護服の一番を競うコンテストもあるよ。楽しいと思うんだけど、トミーはメイドさんの服が一番だと言い張ってた！　トミーはいつもほかのみんなとは違う観

点を持っているからね。

　イギリス本土防衛訓練の再現もあるけどこれは楽しいはず。しかし、イベント会場にたどり着くまでドイツの制服は着ないでね。さもないと、また怒鳴られるかもしれないので。僕は茶色いレザー製の、第二次世界大戦のアメリカ人パイロットの飛行服を着ていくつもり。

　パンツァーⅡ号のギアとオイルパイプの漏れは直したかな？　君の戦車が修理されて稼働できていることを祈ってるよ。今度のコンベンションに戦車を持ってきてくれたら素晴らしいね。パンツァーⅡ号は最高にクールな戦車だよ。前回その中にいたとき、ものすごい音で3日間耳鳴りがしたから、忘れずに耳栓を持って行くよ。

p.192 >>

⑨
Tommy is going to bring his Japanese Type 4 Ke Nu tank which has enough fuel for about 240km, and a maximum speed of approximately 40km per hour. Kevin has promised to have his FV 4201 Chieftain tank ready, and to bring it to the event. It has an operational range of about 500km, and a maximum speed of approximately 30km off road, and 48km on road. If you brought your tank then you could have another race with Tommy and Kevin.

⑩
It looks like the organisers of the event are going to have another fabulous range of tanks. I heard from Ernie that they could have a genuine Panzerkampfwagen VI Tiger tank, the legendary Königstiger tank. That is such an incredible tank and if we could see that and take lots of photographs it would be amazing.

⑪
I hope that you can go to the convention. We could all have an excellent adventure at the event! I will give you a telephone call at the weekend.

⑫
Kind Regards,

Ted

✅ チェックポイント

❾ さらに戦車に関する記述が続きます。一緒に行くケビンとトミーがイベントで披露するという戦車について語っています。
❿ この段落では、イベント主催者が伝説的な戦車を出品するという情報が伝えられます。
⓫ 最後の段落では、友人に対して来てくれると嬉しいということを丁寧に伝え、週末に電話すると締めくくっています。
⓬ 相手は友達なのでKind Regards(よろしく)というカジュアル目のあいさつになっています。

日本語訳

　トミーは日本の四式軽戦車ケヌを持って行く予定で、240キロ走るだけの燃料があると言ってるよ。最高時速は約40キロ。ケビンはチーフテン持ってくるってよ。チーフテンは可動範囲が500キロぐらいで、最高速度はオフロードで30キロ、オンロード48キロぐらいなんだよ。君がパンツァーII号を持ってきてくれればトミーとケビンと競争ができるよ。

　主催者も素晴らしい戦車を出品予定。アーニーから主催者が伝説的なケーニヒスティーガー戦車である本物のティーガーIを持っているかもしれないと聞いたよ。信じられないくらい素晴らしい戦車だから、もし見ることができて写真がたくさん撮れたらすごいよね。

　君が来てくれることを願ってるよ。素晴らしい冒険になるからね！　週末に電話します。

よろしく

テッド

Column —— 3

日本人の英語のしゃべり方はDJみたい？

日本人の中には英語のしゃべり方をかなり勘違いしている人がいます。ラジオのDJのような「異様な巻き舌の早口しゃべり」が上手な英語だと勘違いしている人が大勢いるのです。驚くことに、日本の公共交通機関や空港、ホテル、大手店舗、国際会議、コンサートホールの英語のアナウンスまでが、このような「エセDJ英語」風になっているので、耳にしたネイティブスピーカーや英語の分かる外国人が大爆笑することがあります。

そもそも、そういう場の英語というのは、非ネイティブが耳にすることも考えて、「はっきり、ゆっくり、シンプルに、変なアクセントのないニュートラルな英語」にすることが一般的だからです。

日本の「エセDJ英語」風というのは、単なるアナウンスなのに、まるでラジオの洋楽番組のように変な抑揚がついていて、やたらと楽しそうな感じで、しかも強い日本語なまりで早口でしゃべるので、聞いている方は何を言っているのか分かりません。うちの家人も日本に行くと、成田空港のアナウンスを聞くたびにクスクスと笑っています。すさまじい日本語なまりのある係員が、無理やり「エセDJ英語」でフライトナンバーやゲートの変更をアナウンスするので「単なるお知らせなのに、音楽番組みたいでおかしい」と言うのです。私も言われるまで全然気がつきませんでしたが、確かに聞いてみたらそうです。何だかおかしいのです。

「はっきり、ゆっくり、シンプルに、変なアクセントのないニュートラルな英語」は、ビジネスの場でも重要です。国際会議や多国籍プロジェクトに参加したことのある方はご存じだと思いますが、そういう場で政治家や研究者、エグゼクティブが話す英語というのは、実はゆっくりで、滑舌がよく、聞き取りやすい英語です。高い教育を受けている人ほど「誰が聞いても分かりやすい英語」を話します。これは、その目的が「伝えること」「話し合いをすること」だからです。格好をつけることは二の次で、きちんと伝わることが重要なのです。

【招待状】

お茶会の招待状 [ややフォーマル]

❶ Arcacia Avenue
Big Town
London

❷ Dear Friends,

❸ **You are cordially invited to** afternoon tea at our house on July 4th 2014. ❹ Afternoon tea will be served from 4-6 pm. ❺ **If you could** arrive any time from 3 to 4pm ❻ that will be perfect. **The dress code is** smart casual.

❼ The pair of us very much hope that you will be able to come to the garden party. If you could let us know by July 1st if you are able to attend that will be **much appreciated**.

❽ Kind Regards,

Tommy and Gina

☆重要表現

- **You are cordially invited to** [～にご招待します]
- **If you could...** [～してくだされば]
- **The dress code is...** [ドレスコードは～です]
- **much appreciated** [とてもうれしいです、大変ありがたいです]

✓ チェックポイント

❶ イギリスでは住所は右上に書きます（アメリカでは左寄せが多い）。

❷ **Dear Friends,**（友人の皆様へ）と書き始めることで、フレンドリーな雰囲気の招待状になっています。フォーマルな招待状の場合はこのようにFriendsの「F」が大文字になる点に注意してください。

❸「喜んでお招きします」という意味です。気が置けない友人同士で使う表現と比べて少しかしこまった言い方になります。

❹ 通常、午後4時から6時というのはお茶の時間になります。

❺ 「3時から4時の間に来てください」と伝えています。イギリス人や日本人はたいてい時間通りに来ますが、その他の文化圏出身の人は1〜2時間遅れて来る場合もありますので、時間を指定することは大事です。

❻ 服装を指定しています。スマートカジュアルは、男性の場合はノーネクタイのカジュアルシャツ（ボタンダウンなど）やポロシャツにチノパンツ、デッキシューズ。女性の場合は、カットソーにパンツやワンピースなど、比較的カジュアルなオフィスでの服装を言います。

❼ The pair of usで、招待者はカップルであることを示しています。

❽ 若干フォーマルな招待状なので、Kind Regards, で締めくくっています。

@May_Roma's tips

英語圏では、お茶会や夕食などに人を招く機会というのが少なくありません。この招待状は、中流階級以上のお年寄りが多い町内会のメンバーや、公式な会合（例えば、政党の演説会、歴史的建造物の取り壊し反対の会、美術館のセミナー、学校の理事会等）で知り合った友人、PTAのメンバーなどを招待する際に出すものとイメージしていただくといいでしょう。

dress code（ドレスコード）は、最近日本でも聞かれるようになりましたが、服装規定のことです。この場合はスマートカジュアルですので、スウェットやTシャツに短パン、コスプレ、露出度が高い服などは失礼に当たります。

日本語訳

> アルカシア大通り
> ビッグタウン
> ロンドン
>
> 友人の皆様へ
> 　2014年7月4日にわが家のお茶会にご招待致します。お茶会は午後4時から6時までです。午後3時から4時の間にお越しくだされば幸いです。ドレスコードはスマートカジュアルです。
> 　ガーデンパーティーにお越しいただけることを2人で心待ちにしております。ご参加いただけるかどうかを7月1日までにお知らせいただければうれしく思います。
> 敬具
> トミーとジーナ

【招待状】

誕生日パーティーの招待状 [ややフォーマル]

❶ Dianne

❷ DAVID JOBS
❸ **INVITES YOU TO JOIN HIM**
FOR HIS 50TH BIRTHDAY
ON FRIDAY 28 MAY 2014
AT FORTNUM & MASONS

❹ **R.S.V.P.**
❺ 181 Piccadilly

London　W1A 1ER

Z1X1david.jobs@abccd.com

❻ 7:00PM

Casual

☆ 重要表現

- **invite you to join A for B** ［あなたをAのBにご招待します］
- **R.S.V.P.** ［ご返事ください］
- **Casual** ［スマートカジュアル］

✓ チェックポイント

❶ 受取人の名前は左上に置かれます。住所は封筒に書かれますので、カードに記されるのは招待される人の名前だけです。

❷ カードの中央に主催者の名前や会の趣旨、日程と場所が書かれます。

❸ **invite you to join A for B** で「あなたをAのBにご招待します」という意味です。

❹ **R.S.V.P.** は「répondez s'il vous plaît」というフランス語の略で、「返答してください」という意味です。手紙、メール、電話などでなるべく早く返事をするようにします。

❺ 会場の住所は通常左に寄せて書きます。

❻ カードの右下には開始時間とドレスコード（服装規定）が入ります。ドレスコードの **Casual** はスマートカジュアルを指します。スーツを着ていく必要はありませんが、職場のカジュアルな服装が好ましいでしょう。

@May_Roma's tips

これは50歳の誕生日パーティーをロンドンのFortnum & Masonsで開催するための招待状ですが、英語圏では大人になっても誕生会を開くことがあります。30歳、40歳、50歳などキリの良い年齢の場合は、親しい友人などを招いてパーティーを開いたりします。

日本語訳

ダイアン様

デイビッド・ジョブズの
50歳の誕生日パーティーにご招待します。
2014年5月28日金曜日に
フォートナム＆メイソンにて

ご返事ください。
181 ピカデリー
ロンドン　W1A 1ER
Z1X1david.jobs @abccd.com

午後7時
スマートカジュアル

【招待状】

ディナーパーティーの招待状 [フォーマル]

❶ David

❷ Lady Elizabeth Dickinson

❸ **Request the pleasure of your company**

For dinner

Friday, 30 May 2014

❹ **R.S.V.P.**

❺ 12 Arcacia Ave

London NE22 5P

❻ **Black Tie**

☆ 重要表現

- **Request the pleasure of your company**［あなたをご招待致します］
- **R.S.V.P.**［ご返事ください］
- **Black Tie**［ブラックタイ］

✓ チェックポイント

❶ 他のフォーマルな招待状と同じく、左上に受取人の名前を明記します。

❷ 中央の1行目に書かれているのが主催者の名前です。貴族なので名前の前に敬称（Lady）をつけています。

❸ **Request the pleasure of your company**で「あなたをご招待します」という意味になります。フォーマルな招待状で使われる定形表現です。

❹ **R.S.V.P.**は「répondez s'il vous plaît」というフランス語の略で、「返答してください」の意。手紙、メール、電話などでなるべく早く返事をします。
❺ 会場の住所は通常左に寄せて書きます。
❻ カード右下に書かれている **Black Tie**（ブラックタイ）は、通常夜6時以後に開催される会合のドレスコード（服装規定）です。男性はシルクやウールの黒いスーツに白いシャツ、黒い蝶ネクタイ、カマーバンドを着用します。女性の場合は、伝統的にはノースリーブでくるぶしまでのロングドレスを身に着けます。

@May_Roma's tips

イギリスの貴族が主催するディナーパーティーの招待状です。このようなパーティーはイギリスだけでなく、階級制度が残る欧州大陸では時々開催されます。パーティーの目的は何かのお祝い、社交、チャリティー（慈善活動）の資金集め、政治活動などにわたります。

イギリスではこのようなフォーマルな会合の招待状は、メールではなくカードで送付されるのが一般的で、無地のカードに印刷する決まりになっています。

日本語訳

```
デイビッド様
                エリザベス・ディッキンソン夫人が
                   ご招待致します。
                     ディナー
                2014年5月30日金曜日
                   ご返事ください。
アルカンア大通り12番
ロンドン NE22 5P
                                        ブラックタイ
```

【招待状への返事】

出席する場合

❶ **Many thanks for inviting** me to dinner on 30th May.

❷ **It is my great pleasure to accept the invitation. I look forward to** attending the black die dinner.

☆重要表現

- **Many thanks for inviting...**［お招きありがとうございます］
- **It is my great pleasure to accept the invitation.**
  ［ご招待を喜んでお受けします］
- **I look forward to**［～を楽しみにしています］

✓チェックポイント

❶ **Many thanks for inviting**で「お招きありがとうございます」という意味。招待を受けた場合に簡単にお礼を述べる表現です。

❷ **It is my great pleasure to accept the invitation.**は定型表現で、返事はこのように簡潔で構いません。

@May_Roma's tips

フォーマルな招待状への返事です。招待状を受け取ったらなるべく早く連絡するのがマナーです。

日本語訳

5月30日のディナーにお招きくださり、ありがとうございます。ご招待を喜んでお受けします。ブラックタイのディナーに出席するのを楽しみにしております。

【招待状への返事】

欠席する場合

❶ **Thank you very much for inviting** me to dinner on 30th May.

❷ **I am sorry but I am not available to attend** the dinner ❸ because **I am away on business** in Japan from 27th May to 3rd June.

❹ **I very much would have liked to** attend the dinner. I hope that we are able to meet again in the near future.

☆重要表現

- **Thank you very much for inviting**
  [お招きくださり、ありがとうございます]
- **I am sorry but I am not available to attend**
  [残念ながら出席できません]
- **(be) away on business** [出張のため不在で]
- **I very much would have liked to** [ぜひ〜したかったのですが]

✓ チェックポイント

❶ 出席できないという連絡なので、若干丁寧な表現になっています。
❷ **I am sorry**で「残念です」という気持ちの表明になります。
❸ 欠席の理由を手短に述べるのがポイントです。
❹ 「ぜひ出席したかったです」と書くことで、遠回しにまた機会があればご招待くださいと伝えています。

日本語訳
　5月30日のディナーにお招きくださり、ありがとうございます。残念ですが、5月27日から6月3日まで日本に出張するため、出席できません。ディナーにはぜひ出席したかったのですが。近いうちにまたお会いできることを願っています。

【お礼】

委員会の議長を務めた人へのお礼

❶ **Thank you for** chairing the Marketing and Finance Committee meeting on Wednesday.

❷ **You did an excellent job of chairing** the meeting and dealing with some ❸ contentious issues **in a ❹ fair and thorough manner**. The fifteen minute coffee break **was** also **a very good idea**.

I look forward to attending the next meeting.

☆重要表現
- **Thank you for**［〜をありがとうございます］
- **You did an excellent job of**
  ［〜としてのあなたの仕事は素晴らしかったです］
- **chairing**［議長を務めること］
- **in a fair and thorough manner**［公平かつ完璧に］
- **was...a very good idea**［〜はとても良い考えでした］
- **I look forward to**［〜を楽しみにしています］

✓ チェックポイント

❶ **Thank you for...**（〜してくださりありがとうございます）と、まずお礼を述べてから、

❷「議長としての仕事が素晴らしかった」と相手を褒めています。**chair**は「議長を務める」という意味の動詞ですが、「議長」や「司会者」のことも同じchair（名詞）と呼びます。

❸ **contentious issues**は「論争を引き起こすような問題」の意。

❹ **fair and thorough manner**は「公平かつ綿密なやり方」という意味です。fairとthoroughはどちらも相手をたたえる言葉です。特に英語圏ではfair（公平）であることに非常に重きを置きますので、議論の際などにはこの言葉を使って相手を褒めます。なお、mannerは、和製英語の「マナー」ではなく「やり方」という意味ですので、注意してください。

@May_Roma's tips

英語圏では、メールや手紙でお礼状（Thank you letter）を書く機会が頻繁にあります。特にイギリスおよび旧イギリス植民地では、きちんとしたお礼をメールや書面で送ることは重要です。

日本語訳

　水曜日のマーケティングおよび財務委員会の会議で議長を務めてくださり、ありがとうございます。あなたは会議の議長として素晴らしい仕事をされ、異論のあるいくつかの問題に公平かつ完璧に対処しました。15分間のコーヒーブレイクもとても良いアイデアでした。次の会議への出席を楽しみにしております。

【お礼】

楽しかったパーティーに対するお礼

❶ **I just wanted to write and say thank you very much for** inviting me to your garden party.

❷ **I thoroughly enjoyed myself at** the garden party. ❸ The homemade scones were very tasty, and I also liked the fruit punch.

❹ Everyone at the party told me **this was the best** garden party they have attended.

I look forward to see you soon.

☆重要表現

- **I just wanted to write and say thank you very much for**
  ［～についてお礼を述べたくて書いています、一筆啓上し～に対して感謝したく存じます］
- **I thoroughly enjoyed myself at** ［～は本当に楽しかったです］
- **this was the best** ［最高の～だった］
- **I look forward to see you soon.**
  ［近いうちにお会いできるのを楽しみにしています］

✅ チェックポイント

❶ **I just wanted to write and say**（〜と伝えたくて書いています）は、フレンドリーな印象を与える表現です。

❷ 単にI enjoyedと書くよりも洗練された形で「本当に楽しかったです」という気持ちを伝えることができます。

❸ イギリスではフォーマルなお礼状で食べ物そのものについて細かく書くことはあまりしないので、軽く述べるにとどめましょう。アメリカはイギリスやイギリス旧植民地に比べ、ストレートに気持ちを表現し、イギリス的感覚からすると多少過剰ともいえる前向きな表現をすることがありますので、食べ物のことを書いても問題はないでしょう。

❹ 他人のコメントを引用することで、いかに楽しい会だったかということを伝えています。

@May_Roma's tips

いかに楽しかったかということをあまり強調せず、若干抑制した感じで書くのがイギリス式です。これは比較的カジュアルなお礼状ですので、食べ物についても少し触れるのはいいでしょう。

日本語訳

　一筆啓上し、ガーデンパーティーにご招待いただきとても感謝しているとお伝えしたく存じます。ガーデンパーティーは本当に楽しかったです。お手製のスコーンは風味がとてもよくて、フルーツポンチもおいしかったです。パーティーでは皆さんが、それまで参加した中で最高のガーデンパーティーだったと話していました。近いうちにお目にかかるのを楽しみにしております。

【お礼】

あまり楽しくなかったパーティーのお礼

❶ **Thank you for** organizing and hosting your annual summer garden party.

❷ **The weather was very kind**, and there was an ❸ interesting selection of sandwiches, salads and cakes.

Please say hello to your family.

☆重要表現

- **Thank you for**［〜をありがとうございます］
- **The weather was very kind**［お天気がとても快適で］

✓ チェックポイント

❶ Thank you very muchとしていない点に注意してください。
❷ 天気は当たり障りのないニュートラルなトーンを伝えるのに適しています。
❸ interesting（面白い）は英語圏、特にイギリスでは文脈によって「風変わり」など皮肉な意味で使われることがありますので注意が必要です。相手を褒める場合はexcellent（素晴しい）など別の言葉を使う方が無難でしょう。

@May_Roma's tips

「楽しくありませんでした」と書くわけにはいきませんので、あまり感情を込めず、ニュートラルなニュアンスになる表現にとどめています。

日本語訳

　夏恒例のガーデンパーティーの企画と主催をありがとうございました。お天気がとても心地よく、サンドウィッチやサラダやケーキも面白みのあるものを選ばれていましたね。ご家族にもよろしくお伝えください。

【お礼】
パーティーの主催者を怒らせるお礼状

❶ **I am writing this note to** thank you for your memorable annual summer garden party.

❷ **It was unfortunate that** you ran out of beer, soft drinks and food after only one hour.

☆重要表現
- **I am writing this note to**［〜するためにこれを書いています］
- **It was unfortunate that**［〜は残念でした］

✓チェックポイント
❶ このお礼状を送る理由について書いています。一般的な書き方です。
❷ 飲み物と料理が足りなかったという文句で、これは主催者に対して大変な失礼に当たります。

@May_Roma's tips
これは受け取った主催者が激怒するお礼状の例です。このような文面を送ったら、相手との人間関係はメチャクチャになるでしょう。

日本語訳
　思い出に残る夏恒例のガーデンパーティーについて感謝したくこれを書いています。ビールやソフトドリンクそして食べ物がたった1時間でなくなってしまったのは残念でした。

【お祝い】
同僚に昇進のお祝いを述べる

Congratulations on your promotion from finance officer to senior finance officer.

You have only been at your company for six months so that is a rapid promotion. **Your family should be very proud of** your promotion.

I am sure you will be successful as a senior finance officer.

☆重要表現
- **Congratulations on**［〜についておめでとう、〜をお祝いします］
- **Your family should be very proud of**
  ［ご家族も〜を誇りに思われているでしょう］
- **I am sure you will**［あなたが〜すると確信しています］

✅ **チェックポイント**

❶ **Congratulations on**（〜をお祝いします）はお祝いを述べるときの一般的な言い方です。

❷ 日本語ではこのような言い方をすることはそれほど多くありませんが、英語では相手の実績や昇進を祝う際によく使われる表現です。

@May_Roma's tips

お祝いのメールや手紙を送る機会というのも、案外多いものです。ただし、どんな文面にするかはなかなか難しいものです。お祝いの文を書く場合には、受け取る人の実績やお祝いすることになった事柄を詳しく調べ、何を書いたら喜んでもらえるかということをよく考えて書くと相手への配慮が伝わります。単におめでとう、と書くだけでは不十分です。

日本語訳

　ファイナンシャルオフィサー（財務責任者）からシニア・ファイナンシャルオフィサー（上級財務責任者）への昇進、おめでとうございます。就職してからまだ6カ月ですので、とても速い昇進ですね。あなたの昇進をご家族も誇りに思われていることでしょう。シニア・ファイナンシャルオフィサーとして成功するに違いありません。

【お悔やみ】

同僚にお悔やみを述べる

❶ ❷
I am sorry to hear the news about your mother.

❸ ❹
Sally and I both **send** to you **our condolences. You are in our thoughts and prayers.**

❺
If there is anything that Sally and I can do to help then **please do not hesitate to** ask.

❻
With deepest sympathy.

☆重要表現

- **I am sorry to hear the news about**
  ［〜のことを聞いて残念に思います］
- **send...our condolences**［お悔やみ申し上げます］
- **You are in our thoughts and prayers.**
  ［あなたのことを思い、お祈りしています］
- **If there is anything**［何かありましたら］
- **please do not hesitate to**［遠慮なく〜してください］
- **With deepest sympathy.**［心からお悔やみ申し上げます］

✅ チェックポイント

❶ まず最初にお悔やみを述べています。**I am sorry to hear...** は謝っているわけではなく、「自分も悲しく思います」という心情を述べるフレーズです。

❷ the news about（〜についての知らせ）で訃報を言い表しています。

❸ send to you our condolencesは「お悔やみ申し上げます」の定型表現です。

❹ こちらもお悔やみの定型表現で「あなたのことを考えて、お祈りしています」という意味です。prayers（祈り）というのがキリスト教圏らしい表現ですね。

❺ このお悔やみを書いた人とお母さんが亡くなった人は親しい間柄にあるので、「何かできることがあったら、遠慮なく言ってください」と続けています。

❻ お悔やみのカードやレターの最後につける定型句です。

@May_Roma's tips

同僚や友達の家族に不幸があった場合、英語圏ではお悔やみのカードを送るのが一般的で、手紙やメールの場合もあります。日本では弔電やお香典を送ることが多いですが、英語圏ではお香典の慣習はありません。

日本語訳

お母さまについての知らせを聞き、残念に思います。リリーとともにお悔やみ申し上げます。あなたのことを思い、お祈りしています。サリーと私で何か力になれることがありましたら、遠慮なく言ってください。心からお悔やみ申し上げます。

【問題を指摘する】

サービス品質の問題点を指摘する

❶ The customer satisfaction survey data has been processed and the main results have been tabulated.

There are two main ❷**issues which need to** ❸**be addressed**.

❹**Firstly**, the delivery time slots need to be expanded from weekdays to include Saturday and Sunday.

Secondly, we need to increase the number of people employed in technical support in November, December and January to ensure that we can deal with the seasonal increase in the number of technical enquiries from customers.

Please ensure that issues are listed in the service improvement plan.

☆重要表現

- **There are issues which need to be addressed.**
  ［取り組まなければならない問題があります］
- **Firstly**［第1に］
- **Secondly**［第2に］
- **Please ensure that**
  ［〜を確認してください、〜ということを確実にしてください］

✓ チェックポイント

❶ まず最初に前提となる「事実」を挙げています。これは相手と情報を共有して「問題を指摘するに足る状況がある」ということを示し、自分の論拠を固める上で大変重要です。

❷ 「問題」を problems ではなく issues としている点に注意してください。problem は「解決が難しい問題」や「困難な状況」の意味合いで使われますが、issue は「重要な点」や「論点」などの意味があり、「これから取り組む事柄」というニュアンスが強いため、仕事で問題が発生した場合や議論しなければならない事柄の場合には issue を使う方が一般的です。

❸ address は「(問題などに)対処する、取り組む」という意味の動詞です。

❹ 論点を述べる際には、**Firstly**（第1に）、**Secondly**（第2に）を使って箇条書きにしましょう。論点を整理せずにダラダラと書くのは、読む方にとって迷惑ですし、問題を十分理解していないという印象を与えてしまいます。

@May_Roma's tips

お客様満足度調査の結果から、サービスの品質の問題点を指摘するメールです。ビジネスの場では問題を指摘しなければならないことも出てきますが、頭ごなしに「これは問題だ」「これではダメだ」というのはプロフェッショナルらしくありません。この例のように問題を指摘すると同時に解決案を示すことが重要です。

日本語訳

　顧客満足度の調査データが処理され、主な結果が表にまとめられました。取り組む必要のある問題が主に2つあります。第1に、配達時間帯を平日から土曜と日曜も含むよう拡張する必要があります。第2に、顧客から寄せられる技術的な問い合わせの件数が増える季節に確実に対応できるよう11月、12月と1月にテクニカルサポートの人員を増やす必要があります。問題がサービス改善計画に盛り込まれることを確認してください。

実践編

【苦情】

　インドのアウトソース（外部委託）先に苦情を申し立てるメールです。この会社は外部委託先に24時間365日ネットワークの監視を依頼していますが、契約に記されているサービスが提供されておらず、契約違反が目立ちます。また、どうも会社の情報が外部に漏えいしているようです。

委託先に苦情を申し立てる

To: Raj,

Cc: Miles Brown (Head of Legal Department), Joshua Smith (Director, PR), David Jones (Director, Legal)

❶ Dear Raj,

❷ Whilst you and I have a good working relationship, it pains me to have to write this email to you. My colleagues and I need to formally raise a number of serious issues in writing about the quality of services provided by your company.

❸ Last Easter our companies signed a 2 year contract for your company to provide my company with a series of security related services. More specifically, your company was responsible for providing the complete security monitoring of my company. This service was required to be undertaken every hour of the day, for every day of the year, including weekends and public holidays. ❹ Regrettably, it has come to my attention that the quality of service that your company is providing is totally unacceptable.

≫p.218

✅ チェックポイント

❶ 相手と面識があるので、「Raj」とファーストネームを書いています。面識がある場合はファーストネームで構いませんが、会ったことがない相手に対して、いきなりファーストネームで呼びかけるのは失礼に当たる場合がありますので、Dear Mr Brown, など〈敬称＋姓〉にしておくのが無難です。

❷ まどろっこしいあいさつ文は一切抜きで、いきなり本題に入っています。なぜこのメールを書くに至ったかを単刀直入に書いています。導入部ですから最初の段落は1〜2文が適当です。

❸ 問題の経緯を説明しています。「私の会社とあなたの会社は契約を結んだ」→「その契約はこういう内容である」→「しかし、残念ながらあなたの会社のサービスは最悪だ」とロジカルに指摘しています。

❹ 最後の文で、委託先のサービスがひどいものであり、クライアントとして要求しているものではないと述べています。

@May_Roma's tips

苦情メールの読み手はインド人であり、英語は堪能ですが、インド国外で教育を受けた経験がありません。
礼儀正しく、かつ、説得力のあるメールを書くことで、先方を説得し、問題を解決できるかどうかはプロフェッショナルとして大変重要な能力です。また「言った、言わない」のトラブルを防ぐために、メールの記録を残しておくことも重要です。

日本語訳
To: ラジ
Cc: マイルス・ブラウン（法務部長）、ジョシュア・スミス（取締役、広報）、デイビッド・ジョーンズ（取締役、法務）

ラジ様
　あなたとは仕事上の良い関係を築いているのに、このメールを書かなければならないことは心苦しい限りです。同僚と私は、御社のサービスの品質について深刻な問題を指摘するため、正式に文書にて通知します。

この前のイースターに弊社は、一連のセキュリティ関連サービスを御社に提供してもらう2年の契約を締結しました。さらに具体的に述べるならば、御社は弊社に対して完全なセキュリティ監視サービスを提供する責任がありました。このサービスは週末と祝祭日を含む一年365日、一日24時間実施されることが義務づけられていました。残念ながら、御社が提供しているサービスの品質は到底受け入れられるレベルでないことが判明しました。

p.216 >>

❺❻ The security monitoring is not taking place for every hour for each day of the week. ❼ On Friday night and also Saturday there were a series of breaches to our security network by hackers and the names and account information of about 50,000 of my customers were taken. To date, 834 people have had their bank accounts emptied, and a total of 744 people have had their credit cards reach the maximum levels of credit after they have been used by unknown criminal third parties. 334 people have had their identities cloned, and the financial doppelganger/clones have taken out false mortgages and loans. ❽ The total financial liabilities which have been incurred is over £200,000,000 which we as a bank are going to have to repay to our customers plus a further substantial amount of compensation.

❾ From our initial investigation and talks with the engineers from your company there were no personnel allocated to monitor our company's data and information infrastructure on either Friday or Saturday. One of your engineers admitted that there has never been any monitoring on a Friday night because everyone goes home.

>>p.219

✅ チェックポイント

❺ 3つ目と4つ目の段落では、これまでに挙げた問題をさらに詳しく肉付けしています。文章の構造がピラミッド型になっている点に注意しましょう。
❻ 毎日24時間体制で監視がなされていないと指摘しています。
❼ 情報の漏えいと、それによってもたらされた損害について、具体的な数字を挙げながら詳しく述べています。
❽ 銀行の名誉のために損害額を公表しない場合もあるでしょうが、ここでは被害の大きさを伝えるために明らかにされています。
❾ 適切に監視されていなかったことを裏づける根拠が示されています。

日本語訳

　セキュリティ監視は週7日、一日24時間体制で実施されていませんでした。金曜日と土曜日の夜にもハッカーによってネットワークのセキュリティが破られる一連の事件があり、約5万人の顧客名とアカウント情報が流出しました。今日まで834人分の銀行口座から預金が消失し、744人のクレジットカードが未確認の犯罪集団によって使用され、利用限度額に達しています。334人がIDをコピーされ、本人に成り済ました犯人は偽の住宅ローンや融資を引き出しています。被った金融負債の総額は2億ポンドを超え、当行はこの総額に加え、さらに相当額の賠償金を顧客に払い戻さなければなりません。

　弊社が行った初期調査および御社のエンジニアへの聞き取り調査によると、御社は金曜日にも土曜日にも弊社のデータおよび情報インフラの監視に人員を当てていなかったことが判明しています。御社のエンジニアのひとりが、金曜日の夜は全員が帰宅するため監視が実施されたことは一度もなかったと認めています。

---

p.218 >>

❿ More worryingly, one third of the high net worth individuals at our bank have reported strange and unusual transactions on their bank account and also credit card statements. In one case a vegetarian couple had found out that 3 tonnes of chicken products had been charged to their Diamond credit card. A strict ⓫Methodist found that her debit card had been used to buy 300 bottles of 20 year old malt whiskey. We have hired a financial security company to investigate these issues, and their evidence points to 4 members of your staff. Family members of the 4 individuals have all come into huge seven figure sums of money which cannot be explained by normal wages and salaries.

>>

✓ チェックポイント

❿ 問題の深刻さを強調するために、More worryingly（もっと困ったことに）という表現を使って「さらにこんなにひどいことも起きている」と、口座情報を悪用した盗みなどの犯罪が挙げられています。これは問題を単に羅列するよりも訴求力がある書き方です。
⓫ メソジストは禁酒禁煙を基本的な立場とするキリスト教徒の宗派。

日本語訳
　さらに心配なことに、弊社の優良顧客の3分の1から、彼らの口座およびクレジットカードの明細で身に覚えのない不審な取引があったと報告がありました。ベジタリアンのカップルがダイアモンドクレジットカードに3トンの鶏肉製品の請求をされたことに気づいたケースもありました。厳格なメソジストの顧客はデビットカードを不正利用され、20年物のモルトウイスキー300本を注文されています。弊社がこれらの件を調査するために雇った金融セキュリティ会社がつかんだ証拠から、御社のスタッフのうち4名が浮上してきました。その4人の家族は皆数百万ポンドの金銭を得ており、それらは通常の賃金や月収では説明できない額なのです。

>>

⓬ Your company needs to dramatically improve its performance and to completely fulfil the services for which we have a contractual relationship. The issues raised in this email need to be rapidly rectified. If there are any more failures on the part of your company then in accordance with clause 24b of the contract we will revoke the contract. ⓭ We reserve the right to take legal action against your company and individual members in civil and also criminal courts if your company does not fulfil its contractual obligations. I very much hope that it does not come to that.

❹ Kind Regards

John Smith

Service Level Manager, OMG Inc.

✓ **チェックポイント**

❷ 相手に要求するアクションを単刀直入に記しています。

❸ さらに「わが社には法的手段に訴える権利がある」と、強い調子で書かれています。

❹ 最後に自分のフルネームを書き、肩書き、所属団体名を入れます。

日本語訳

　御社はパフォーマンスを大幅に改善する必要があります。さらに契約書に書かれているサービスを完全に履行しなければなりません。このメールで挙げられている問題は早急に改善される必要があります。御社にこれ以上の過失がある場合は、契約書の条項24bに従って契約を破棄します。御社が契約義務を果たさない場合、弊社は御社および御社の関係者に対して、民事と刑事訴訟の法的手段を取る権利があります。このような事態にならないことを祈念します。

敬具
ジョン・スミス
サービスレベルマネージャー、OMG社

@May_Roma's tips

英語圏、特にイギリスでは、先方との関係がすでに悪化している場合、このように「何々をやってください」「やらない場合にはこんな制裁があります」と厳しく書くことが少なくありません。制裁の具体的な内容を明記している点にも注意してください。

> 実践編

【苦情】

　ゴミを回収してくれないことに対して市役所に苦情を申し立てるメールです。英語圏では公的な機関、例えば中央省庁、市役所、公立の学校、公共交通機関、さらに企業に対して何か不満があった場合、手紙やメールを書いて正式に抗議しなければ訴えが届きません。

市役所に苦情を申し立てる

❶
Dear Mr Brown,

❷
I live at 22 Arcacia Avenue with my family of five people. I am writing to you to officially complain about the total failure of the dustmen to fulfil the refuse collection from my house on Tuesday. Tuesday was also 'green box' day as well and I put my green box of glass and plastic bottles, and blue box of paper and newspapers at the edge of my drive so that they could be taken for recycling.

❸
Normally your dustmen come and empty the dustbins every Tuesday between 10AM to 11AM. However, your refuse collection service did not take place last Tuesday. My dustbin was not emptied. Moreover, the green and the blue boxes were not emptied. This was clearly not very good, but was made much worse by the fact that none of the dustbins were emptied on my street or any of the neighbouring streets in our part of the borough.

>>p.223

♡ チェックポイント

❶ 名前を入れることで、相手がこの問題の責任者であることを知っていることを伝えます。迅速に対応しなければ今後も苦情が続くことを暗に示すのです。
❷ 最初の段落では、自分は何者で何の目的でこのメールを書いているのかを入れます。まず自分が「何を言いたいか」を端的に書いてしまうわけです。

❸ 次に、これを書くことになった「事件」の経緯を説明します。ゴミがきちんと収集されなかったということを、日時を挙げながら詳しく説明しています。「何が、いつ、どのように」起こったか（起こらなかったか）を単刀直入に書くのがポイントです。

> **@May_Roma's tips**
> 訴えを受けた公的機関は手紙やメールを「公式な記録」として保存し、苦情があったケースとして取り扱います。お客様係に電話をしたり、はたまた窓口に押しかけるよりも、手紙やメールを書く方がはるかに効果的です。公的な機関というのは「記録」に弱いのです。また、イギリスおよびイギリスの旧植民地圏では、きちんとしたフォーマットで相手を説得する文章を書く「知性」があると見なされて、ちゃんと対応してくれることが多いのです。

日本語訳

ブラウン様

　私はアルカシア大通り22番に家族5人で住んでおります。ゴミ収集人が火曜日に私の家からゴミを収集しなかったことについて正式に苦情を申し立てるためにこれを書いています。火曜日は「グリーンボックス」の日でもあり、私はガラス瓶とペットボトルを入れたグリーンボックスと紙と新聞を入れたブルーボックスをリサイクル回収用に玄関前に置いておきました。

　通常ゴミ収集の方は火曜日の午前10時から11時の間にやってきてゴミ箱を空にしていきます。しかし、火曜日には収集がありませんでした。私のゴミは回収されませんでした。さらに、グリーンボックスとブルーボックスのゴミも回収されていません。これは当然好ましい事態ではありませんが、わが家だけでなく、同じ通りや地域のどの通りでもゴミが回収されなかったことが事態をさらに悪化させました。

p.222 >>

❹
By the time I got home from work on Tuesday evening all of the pavement along my street and on the other side of the road was covered with paper and newspapers which had been blown out of the boxes. Also most of the dustbins were knocked over and lying on the pavements and driveways.

Foxes and wild cats have been scavenging for food and have dragged the contents of the dustbins onto the pavements and driveways. The weather has been very mild, and the warmth from the sun has caused the food waste to rot very quickly. The dustbins and their emptied contents are now giving off an awfully bad smell.

❺
I have rang up your department to complain, repeatedly. However, no-one has come to empty the bins and to clean up the mess. Whilst I have picked up the dustbin and put it back next to the garage door, along with the blue and green boxes the foxes and cats have had Tuesday, Wednesday and Thursday nights to continue to try and get waste food from the dustbin and my neighbours' dustbins. Children play practical jokes with the rubbish, and cats and rats rummage in the garbage for food and scratch and chew open garbage bags and make all of the front gardens, driveways and pavements and roads dirty.

>>p.225

✓ チェックポイント

❹ さらに、ゴミの収集が行われなかったために「私はこのような被害を被った」と被害の状況について詳しく述べています。

❺ この問題について、自分がどのような行動で市役所に働きかけたかを説明し、それに対して市役所からは何の反応もなかったことを挙げています。「私には落ち度はない」「私は最大限の努力をした」とアピールしているわけです。

@May_Roma's tips

問題が解決されない場合は、何度もメールを書くことで、担当者が上役や監査部署から問題解決を促される可能性があります。また、問題が深刻な場合は「法的な措置を取る用意があります」と意思表示をすることですんなりと問題が解決することもあります。イギリスでは公的機関や企業に対して法的な手段を取るのはごく当たり前のことであり、相手も訴訟を起こされたくありませんので対応せざるを得ないのです。

日本語訳

　火曜日の夜に仕事から帰宅すると、わが家が面している通りの歩道と道路の反対側は、ボックスから風で舞い上がった紙と新聞だらけでした。さらに、ほとんどのゴミ箱がひっくり返って歩道と車道に転がっていました。キツネや野良ネコが食べ物をあさり、ゴミ箱の中身を歩道と車道に引きずり出してしまっていました。お天気もよかったので、日差しの熱で残飯の腐敗が急速に進みました。現在ゴミ箱と外に出てしまったゴミがひどい匂いを放っています。

　苦情を入れるため市役所の担当部署に何度も電話しました。しかしながら、誰もゴミを回収に来ていませんし、路上のゴミも清掃されていません。私はゴミ箱を拾い上げてブルーボックスとグリーンボックスとともに車庫の扉の横に戻しましたが、キツネやネコたちは火、水、木曜の夜にそのゴミ箱から、そしてご近所のゴミ箱からも残飯をあさろうとしていました。子どもたちはゴミで悪ふざけをし、ネコやネズミは残飯をあさるためにゴミ袋を引っかいてかじって開けてしまい、前庭、車道、歩道のすべてが汚れています。

p.224 >>

❻
This is now Friday lunchtime and the failure to collect the rubbish on the designated day and time, or to send an emergency crew to come and collect the rubbish – despite repeated requests to do so is now causing myself and the other neighbours a severe set of problems. With the food having putrefied, and flies making their home in the food waste this is rapidly becoming a health hazard.

❼
My family and I, and indeed all of the neighbours are deeply disturbed and angered by your poor level of service. I would like you to deal with this problem and to resolve the situation quickly, and no later than the end of today.

❽
Yours sincerely,

❾
John Smith

✓ チェックポイント

❻ 苦情のトーンをまた一段階上げています。
❼ 最後の段落では問題を手短にまとめ、結論として、相手に求める対応を期限をつけて要求しています。
❽ 個人あてなので結語はYours sincerelyを使っていますが、呼びかけがDear Sir/Madamの場合は、Yours faithfullyとします。
❾ 最後に自分の名前をフルネームで入れ、手紙の場合は署名します。

日本語訳

　すでに金曜日のお昼ですが、指定された日時にゴミが収集されなかったため、そして何度もお願いしたにもかかわらず、この緊急事態に対応するスタッフを派遣してくれなかったために、私と近所の人は深刻な問題に直面しています。腐敗した残飯にハエがたかっており、急速に健康被害を引き起こしつつあります。

　私と家族、さらに近所の人々は皆、市のサービスの質の低さに困惑し、怒りを感じています。この問題に早急に対応し、本日中に解決してくださることを望みます。

敬具
ジョン・スミス

英文の基本ルールとフォーマット

「常識・マナーを知らない」と言われないために

PART 6

英文フォーマット、イギリス式と北米式

英文のフォーマット（書式）には大きく分けてイギリス式とアメリカ式があり、住所や日付の書き方などに多少の違いがあります。文章のトーンも若干異なり、一般的にイギリス式の方が少しフォーマルで演繹的（110ページ）です。

しかし、それほど大きな違いではないので、イギリス式をアメリカ向けに使用しても、アメリカ式をイギリス圏（旧植民地を含む）で使用しても特に問題はありません。

■Eメールの基本フォーマット

Re: Please review BTS expansion report ❶

Dear Mark, ❷

❸
I have just about completed the report about the possible expansion options for our Big Tasty Sweets company client.

Please will you be able to read and comment upon the report on Wednesday or Thursday?

The report needs to be finalized on Friday and your comments will be much appreciated.

Kind Regards, ❹

Billi

Billi Jones ❺
Vice President
Planning Department
ABC Food

❶件名 (subject)

メールの件名のことをsubjectと呼びます。件名をつけるコツは、短くて、それを読んだだけで用件が伝わるようにすることです。

良い例）
- Update of Contact ABC Project（ABCプロジェクト連絡先更新情報）
- Router config file for room A（ルームAのルータ設定ファイル）
- Valuation with Dave（デイブの評価）
- Report Deadline passed（レポート提出期限が過ぎています）

悪い例）
- Hi!（こんにちは！）
- About meeting（ミーティングについて）
- I am sending a report for Economics 3245 for Professor Mary White（メアリー・ホワイト教授の経済学3245のレポートを送付します）

❷呼びかけ (salutation)

メールや手紙の冒頭で相手に呼びかけるあいさつをsalutationといい、Dearに名前を続け、その後に必ずカンマ（,）を入れます。面識がある場合はDear Mark, のようにファーストネームでOKですが、面識がない相手に対していきなりファーストネームを書くのは失礼に当たる場合があるので〈敬称＋姓〉にしておくのが無難です。メールを不特定多数の相手に送る場合は、Dear All, と書きます。

❸本文 (body)

日本のビジネスメールのようなまどろっこしいあいさつ文は一切抜きで、いきなり用件に入ります。長いメールは相手の迷惑になりますので、ビジネスメールは短く、分かりやすく、を心がけましょう。ただし、失礼な表現にならないように気を配る必要があります。

❹結語 (closing)

締めくくりのあいさつを左寄せで入れます。最初の呼びかけ(salutation)や、そのメールがフォーマルかどうかによって入る言葉が変わります（232ページ）。この場合、相手は同僚ですのでKind Regardsと、ややカジュアルなあいさつになっています。

❺署名 (signature)

自分のフルネーム、肩書き、所属部署と団体名などを必要に応じて入れます。

■英文レターの基本フォーマット

❶ Mary Cox
UK Head, Cqrds & Loans
Kiwi Bank
P.O. Box 3567
York
YT5 6789

Mr White ❷
22 Alcacia Avenue
London
CVV 5678

❸ 5th November 2010

Ref: 67899 ❹
Dear Mr White, ❺

❻
Your Kiwi Bank Credit card will expire the end of this month. However, we automatically issue your new credit card. It will be posted to your address next week.

In the mean time, if you wish to close your account, please call us on 123-6567.

I hope to hear from you soon.

Yours sincerely, ❼

Mary Cox ❽
UK Head, Cqrds & Loans

❶差出人の氏名・住所

1行目に氏名、2行目から住所を書きます。イギリスでは右寄せ、アメリカは左寄せが一般的。ビジネスレターの場合は、社名、住所、電話番号などが印刷されているレターヘッドを使います。

❷受取人の氏名・住所

相手の氏名、住所を左寄せで書きます。氏名の前に「Mr」「Ms」などの敬称をつけます（北米では省く場合もあります）。また、ビジネスレターの場合は氏名の下に続けて肩書き、会社名、会社住所を入れます（242ページ参照）。

❸日付 (date)

日付は必ず必要です。イギリス式は右寄せで日・月・年の順で書きます。社内の非公式な文書の場合は 5-11-10 と数字のみで書く場合もあります。北米式は差出人の氏名・住所の下に入れるのが一般的で、月・日・年と表記します。

❹参照番号

ビジネスレターでファイリングのために番号をつけたり、参照番号がある手紙に返事を出すときなどに記入します。

❺呼びかけ (salutation)

基本的にメールに準じ、ビジネスレターの場合はDearを必ず入れます。相手の名前が判明している場合は〈敬称＋姓〉〈敬称＋フルネーム〉を書きます。敬称（233ページ）は間違えないように十分な注意が必要です。名前が分からない場合は「Dear Sir/Madam,」とします。なお、イギリスの場合は、相手が王族や貴族の場合は敬称が変わりますので注意しましょう。

❻本文 (body)

最初の段落で手紙の目的を単刀直入に述べ、次の段落以降でその経緯や補足事項を説明します。

❼結語 (closing)

一般的に Yours sincerely がよく使われます。Dear Sir/Madam, で呼びかけた場合は Yours faithfully とします（232ページ）。

❽署名 (signature)

自分のフルネームをタイプし、肩書き、所属団体名を入れます。その上のスペースに黒か青のペンでサインします。

■呼びかけ（salutation）と結語（closing）

場面	呼びかけ（Salutation）	結語（Closing）
フォーマル	Dear Mr/Mrs/Ms/Miss Smith, Dear Sir/Madam, （名前が分からない場合） To whom it may concern, （名前が分からない場合）	Sincerely, Yours sincerely, Yours truly, Yours faithfully, Yours respectfully, Thank you for your consideration,
ややカジュアル （相手を知っており、何回か会ったりメールを交換したような間柄）	Dear John,	Regards, Kind Regards, Warm Regards, Best wishes, Cordially, With appreciation, （感謝を表す）
カジュアル （同僚に対してなど）	Dear John, John,	Best Regards, Thanks in advance, （感謝を表す） Thanking you in advance, （感謝を表す）
かなりカジュアル （くだけた職場のみ。上司や年長者、親しくない相手には使わない方が無難）	Hi John,	Thanks,

場面	呼びかけ	結語
フォーマルなサンキューレター （ビジネスでは顧客や目上の幹部など）	Dear Mr Smith,	With gratitude, With sincere thanks, Your help is greatly appreciated,
カジュアルなサンキューレター （プライベートおよび、親しい同僚や上司、知り合いなど）	Dear John,	Many thanks, Kind thanks,

呼びかけ (salutation) と結語 (closing) は、自分と相手の関係性や、そのメールや手紙の目的に応じて適切なものを選びます。

　目上の人や親しくない相手、顧客に対して「Hi!」を使う人もいますが、相手によっては実は激怒しているという場合もあるので気をつける必要があります。

　一方で、相手と顔見知りだったり気心が知れている場合は、フォーマル過ぎる表現は逆に冷たい感じがします。

　一般的には、北米はカジュアルな表現を好み、イギリスや旧イギリス植民地の国々、欧州大陸は若干かしこまった表現を好みますので、土地柄も十分考慮しましょう。

　なお、Regardsの「R」は大文字、小文字どちらの表記でも間違いではありません。

■一般人の敬称 (honorific)

　北米式の場合は、「Mr.」「Mrs.」とピリオドをつけますが、イギリス式はピリオドが省略される傾向にあります。

男性	Mr/Mr.
女性	Miss（未婚の場合） Mrs/Mrs.（既婚の場合） Ms/Ms.（未婚か既婚か分からない場合） ＊近年は事実婚のカップルが少なくなく、相手に既婚か未婚か聞くのは大変な失礼に当たるので、Ms/Ms.にしておいた方が安全です。
博士号保持者	Dr/Dr.
大学講師、助教授など （教授以下の教員で博士号保持者）	Dr/Dr.
大学教授	Professor（略称はProf.）
医師	Dr/Dr.
小学校、中学校、高校の教員	Mr/Mr. Ms/Ms.

■メモ（memorandum）のフォーマット

メモ（memorandum）は企業や学校で情報を回覧したり、幹部に意思決定を求める際に情報を提供したりするための文書で、英語圏では頻繁に使われます。

INTERNAL MEMORANDUM ❶

To: ABC Company European Head Office Employees
Copy to: ABC Company Head Office, IT Risk Management ❷
From: Chief Information Officer, John Blackmore

❸ Ref. ITR-0098
Date: 1 August, 2014

1. Purpose ❹
   This memo explains the amendment of ABC Company European Head Office information security policy.

2. Application of the policy
   The amended policy is in effect on 3 August 2014.

3. Principles ❺
   - All ABC Company European Head Office's Employees must comply with the policy.
   - Employee includes management, full-time/part-time employees, contractors, 3rd party vendors, and job-experience workers.
   - They must attend the mandatory information security training courses provided by IT Risk Management in August 2014. The schedule is published on ABC Training Portal.
   - Upon completion of the training, they must sign the information security agreement, which is a part of their job contracts.
   - The attendance of the training is published to the company intranet.
   - The breach of the training requirement is subject to the company's disciplinary action.

> 4. Attachments: 2 ❻
>
> 5. Further Information ❼
>   The Information Security Policy is available from:
>   http://www.ABCintranet.com/security policy
>   Training Schedule: ABC Training Portal
>   Standards and guidelines at: http://www.ABCintranet.com/security
>   Contact: support_IRM@abc.euro.com

フォーマットは組織によって異なりますが、基本的に以下の内容が簡潔に記されることが少なくありません。

❶ 文書の題名
❷ あて先、コピー送付先、発信者（通常、肩書き→氏名）
❸ 文書番号と日付
❹ 目的を簡潔に記します。通知の背景（background）や概要（summary）を入れることもあります。
❺ 問題点、必要なアクション、勧告など（通知すべき内容が簡潔にまとめられます）
❻ 添付文書がある場合は明示します。
❼ 問い合わせ先や追加情報

企業の幹部や大学教授など多忙な相手に送る場合には、要点を抜き出して1〜2ページにまとめます。また、多くの人に向ける場合には、誰でも理解できる言葉で書く、冗長にならない、などの工夫が必要です。

@May_Roma's tips

ある会社の情報セキュリティポリシー改訂を社員に通知する社内メモの例です。ポリシーの改訂に応じたトレーニングの実施を知らせています。

履歴書とカバーレター（cover letter）

履歴書も北米式とイギリス式がある

　北米式の履歴書はRésumé（レジュメ）と呼ばれ、イギリス式の履歴書はCurriculum Vitae（CV：シービー）と呼ばれます。ヨーロッパ、中東、アフリカなどで使われるのはCVです。

　一般的にRésuméは1〜3ページ程度と短く、CVはそれよりも若干長めで、記載情報が多いという違いがあります（長い場合は10ページ以上に及ぶこともある）。北米でも大学の教員や研究者のポストへの応募にはCVが使われることがあります。

　履歴書は自分を売り込む、**いわば「プレゼン資料」**ですので、応募するポジションに応じて、自分の経歴の強調したい部分をその都度書き直したり、細部を調整する、といったことが必要になります。そのためには募集要項をしっかり読んで応募先を十分研究した上で、どのような履歴書が最も効果的かを考えて作成することが重要です。

　フォーマットや英語そのものに間違いがあったり、不自然な点があるのは致命的です。「この人には業務を遂行するために十分な英語力や知識がない」「履歴書すら書けない」と判断されて、書類審査で落とされてしまう可能性があるからです。

信頼できる相手に校正を依頼しよう

　このようなリスクを避けるために、必ず経験豊富なネイティブに校正を頼みたいものです。実務経験があり、できれば何度か転職の経験があり、良いポストに就いている英語を母語とするビジネスマンや、学生の履歴書を添削した経験が豊富な大学教授などであれば安心です。

ただし、校正には大変な手間がかかります。単にスペルや単語をチェックするだけだろうと思われがちですが、履歴書をきちんと校正しようと思えば、応募するポジションの確認、レイアウトの調整、学校名やポジション名、企業名の英語名の確認、応募先に応じた妥当な表現を考えるなど、大変な手間がかかります。

　このような作業には妥当な報酬を払うことが不可欠です。相手が実務家である場合には、本業の時給相当の費用を支払うのが常識です。無報酬で作業を依頼することは、相手に対して大変な失礼になりますので注意しましょう。

校正してもらいながら、英語力を磨く

　履歴書の校正業者に代筆を依頼することも可能ですが、いざ採用された場合に、きちんとした英文を書けないことがばれてしまうと後々自分が困りますし、場合によっては経歴詐称で即時懲戒解雇になってしまう可能性もあります。

　私はそういう例を実際に目にしたことがあります。即座にオフィスに警備員が呼ばれ、履歴書の詐称がばれた人物はそのままオフィスの出口に連れて行かれました。コンピューターのアカウントや入館証は即時停止、物を取りに戻ることすら許されないため、私物は後日自宅に郵送されるという徹底ぶりでした。

　できる限り履歴書は自分で書いて、プロに校正を入れてもらいながら、英語の実力をつけていきましょう。

■履歴書のフォーマット

　右ページの履歴書は、電気通信業界でプロジェクト管理の経験が豊富な人のCVの例です。

　職歴を書く際には、manage（成し遂げる）、ensure（確かにする）、deliver（実現させる）など、力強いaction verb（動作動詞）を使って自分の強みや達成したことを強調するのがポイントです（241ページ参照）。リーダシップを取った、自発的に行った、達成したという積極的な印象を与えることが大事なのです。

　技術用語や業界用語を使っても構いませんが、日本の外でも通じる表現を使う必要があります。日本式英語や、自分の今の職場でしか通じない単語を使わないように注意しましょう。

❶ ページの一番上に自分の氏名を記載します。
❷ 自分の住所、電話番号、メールアドレスを入れます。
❸ これはイギリス式のCVですので、国籍や使える言語を入れます。イギリスだけでなく欧州大陸や北米でも二重国籍の人や外国人も多いため、国籍を入れることでその国で働く権利があるかどうか、雇用許可書が必要かどうかを明確にするためです。
❹ 概要（summary）には応募するポストに合った自分の強みを、強調したい順番で入れます。
❺ 職歴を新しい順に記載します。最初の行にその仕事の肩書、部署、会社名、時期の順に書きます。経験や強みを5〜10程度にまとめ、箇条書きにします。具体的な数字を使って実績を客観的に示すことも大事です。

@May_Roma's tips

英語圏の履歴書は、日本語の履歴書のフォーマットとはずいぶん違います。日本語の履歴書をそのまま英訳したものを外資系企業や国際機関に送ってしまう人がいますが、その時点で「常識がない」と判断されてしまい、素晴らしい経歴を持つ人でも選考の対象にならないことがあるので注意しましょう。

John Smith

123 Alcacia Ave London W2 34D England UK • +1234560 • john.smith@gmail.com

STATUS: UK Citizen

LANGUAGES: Mother Tongue English, Fluent Arabic and Mandarin

SUMMARY

- More than 14 years of Project/Programme management experiences in the Telecom/Mobile industry
- Extensive Project/Programme management in Asia Pacific and the Middle East
- Project Process management and enhancement
- PMO coaching, IT project portfolio monitoring
- Project Management Process enhancement and transformation

EXPERIENCES

Head, Programme Management, ABC Telecom, London

Oct 2005 – Present

– Oversee more than 80 programme managers in the Middle East and Asia Pacific; the day to day management of project activities, and the development of project documents.

– Programme budget : + £10 million per year.

– Ensure the programme/project produces the required products to meet the company's quality standard.

– Chair monthly Programme/Project Governance meetings; ensure KPIs are on target.

– Manage the day to day programme/project activities and coach PMO members to run the PMO activities smoothly.

– Manage the Project Review process.

– Ensure project products are delivered on time, which include Project Plans, Stage Plans, Highlight/Progress Reports, Risk and Issue Logs.

– Transform project management processes to meet the head office governance structure.

Project Manager, ZZ Consulting, London Oct 2001 – Oct 2005
– Deliver network changes across multinational telecom network systems in China; project budget £1 million per project.
– Working with the clients and 3rd party suppliers, deliver solutions through detailed design, development, testing and rollout of the project; ensure all elements of projects are delivered on time, cost and quality. Manage project stakeholders.
– Ensure the project produces the required products to meet the company's quality standard.
– Manage the day to day project activities and assist PMO.
– Ensure project products are delivered on time, which include Project Plans, Stage Plans, Highlight/Progress Reports, Risk and Issue Logs.
– Contribute inputs to the Project Review process.
– Facilitate communication between UK and China.

EDUCATION ❻

M.B.A., Aston University, 2005
B.A., Physics, Cambridge University, 2001

MEMBERSHIP ❼

Institute of Electrical and Electronics Engineers (IEEE)
Project Management Institute (PMI)

CERTIFICATIONS ❽

Prince 2, AMP Group, 2002
Project Management Certificate, PMP, 2002
ISO 9001 certification, 2001

Referees' Names and Contact Details Available Upon Request ❾

❻ 学歴を新しい順に、学位名、学校名、卒業年を入れます。表記の方法が日本とは異なりますので、英語圏の方式に直します。
❼ 所属している業界団体を入れます。必要に応じてその他、著作、賞、公的な場でのスピーチの経験、ボランティアの経験などを入れても構いません。
❽ 業務に関係のある資格を入れます。日本国内の資格の多くは英語圏では知られていませんので説明を付け加えるか、英語圏で通用する資格のみを記載しましょう。
❾ 推薦状（reference）が必要な職場も多いので、提供が可能です、という一文を入れます。

📄 action verb（動作動詞）の例

- administer（経営管理する）
- analyze（分析する）
- communicate（情報を交換する）
- coordinate（調整する）
- develop（開発する）
- establish（確立する）
- forecast（予測する）
- lecture（講義する）
- organize（体系化する）
- reduce（削減する）
- advise（助言する）
- collaborate（協調して取り組む）
- consult（顧問を務める）
- design（設計する）
- enhance（強化する）
- execute（実行する）
- improve（改善する）
- obtain（獲得する）
- publicize（宣伝する）

@May_Roma's tips
読み手は多忙な企業幹部や管理職ですので、ダブリや不必要な繰り返し、そのポストに関係のあることだけが書かれているかどうかをチェックしましょう。

■カバーレター(cover letter)のフォーマット

北米式、イギリス式の履歴書ともに、1〜2ページ程度のカバーレター(添え状)をつけて提出するのが一般的です。

カバーレターには自分の連絡先、応募するポスト、応募する理由、自分の強みや経験を簡潔にまとめます。

John Smith
123 Alcacia Ave London W2 34D England UK・+1234560・john.smith@gmail.com

---

❶ 25 May , 2014

Attn: ❷
Mr. John Osbourne
Head of Human Resources
Human Resources Department
GEC Corporation
11 London Road, Aston, London SE2 123 UK

Dear Mr. Osbourne,

❸
I am writing in response to the Head of PMO vacancy within GEC Corporation (Ref: 8897) which was advertised in Linkedin on 10 May, 2014. I am currently working as the Head of the Programme Management at ABC Telecom to oversee programmes in the Middle East and Asia Pacific.

❹
I have more than 14 years of Project/Programme management experiences in Telecom/Mobile industry with extensive Project/Programme management in Asia Pacific and the Middle East. At ABC Telecom, as the Head of the Programme Management, I have been overseeing 80 programme managers across 4 continents, with a yearly budget of £10 million. I have successfully delivered 58 programmes, including the migration of the IT Service Centre from US to Vietnam.

My in-depth experiences in the Asia Pacific contribute to your company's strategy to expand the market in that region. At ZZ Consulting, as a project/programme manager, I have had the opportunity to manage infrastructure projects in China for 4 years, with more than £1 million per project. This experience has given me opportunities to learn about the business cultures in China and Asia Pacific, as well as Key Success Factors to deliver infrastructure services. At ABC Telecom, I have been leading the project management processes transformation to meet the head office governance requirements. Additionally, I am fluent in Arabic and Mandarin; lived in Saudi Arabia 6 years and China for 5 years. This experience has given me the in-depth understanding of the local business culture.

❺
I am highly resourceful, flexible and goal oriented. With my diverse background and experiences, I am confident I can be an asset to GEC Corporation.

I would appreciate an interview to further discuss my talents and abilities. Thank you for your time and consideration.

Sincerely, ❻

John Smith ❼

❶ 右寄せで日付を入れます。
❷ ビジネスレターと同様、あて先を入れます。「Attn:」は、誰々さんあてという意味です。担当者の名前が判明している場合は入れます。
❸ 冒頭には「どのポジション」に「何を見て」応募しているのかを明記し、簡単な自己紹介を入れます。
❹ 募集要項に沿った自分のセールスポイントを重要な順に書きます。内容的には履歴書をまとめたものになりますが、実績が客観的に分かる情報を盛り込みます。
❺ 自分の性格などについて売り込みます。
❻ フォーマルな手紙なのでSincerely, を使います。
❼ 紙で提出する場合は、氏名をタイプしてその上のスペースにサインします。

日本人が間違えやすい「英文の基本ルール」

■大文字 (capital) の使い方

英文の中で大文字を正しく使うことは、読者の混乱を防ぐ上でも大変重要です。以下は大文字を使う基本的な語です。

❶人名
Ozzy Osbourne（オジー・オズボーン）、Ronnie James Dio（ロニー・ジェイムズ・ディオ）、Yngwie Malmsteen（イングヴェイ・マルムスティーン）、the Dark Lord（ザ・ダークロード）、Pope Gregory V（ローマ教皇グレゴリウス5世）、Tutankhamun（ツタンカーメン）

❷肩書き
Ms. Smith（スミスさん）、Professor Yamada（山田教授）、Admiral Isoroku Yamamoto（山本五十六軍司令官）、Queen Elizabeth（エリザベス女王）、President Obama（オバマ大統領）

❸グループ名
Black Sabbath（ブラック・サバス）

❹製品名、会社名、賞、アルバム名、映画・本の題名、著名な建物etc.
Fender Stratocaster（フェンダー・ストラトキャスター）、AT&T、NOKIA（ノキア）、the UK Music Hall of Fame（イギリス音楽の殿堂）、Grammy Awards（グラミー賞）、The Number of the Beast（魔力の刻印）、The Man in the Iron Mask（仮面の男）、Donington Park Circuit（ドニントン・パーク・サーキット）、Twickenham Stadium（トゥイッケナム・スタジアム）、Big Ben（ビッグ・ベン）

❺国、地域、街、国籍、言語
Russia（ロシア）、the Soviet Union（ソビエト連邦）、England（イングランド）、the United Kingdom（イギリス）、Eastern Europe（東欧）、Asia（アジア）、the South China Sea（南シナ海）、Birmingham（バーミンガム）、Swedish（スウェーデン人［語］）、Japanese（日本人［語］）

❻月、曜日、休日

April（4月）、Monday（月曜日）、New Year's Eve（大みそか）

❼条約、法律

the Maastricht Treaty（マーストリヒト条約）、the Single European Act（単一欧州議定書）、the Communications Act 2003（2003年通信法）

> **@May_Roma's tips**
> theが文頭に来る場合は、The Maastricht Treatyのように「T」が大文字になります。文中の場合のtheは小文字です。

❽市（City）

New York City（ニューヨーク市）、the City of Westminster（シティ・オブ・ウェストミンスター）、Mexico City（メキシコシティ）、Panama City（パナマ市）

> **@May_Roma's tips**
> 特定の政府や自治体を指す場合はthe Government（例／イギリス政府を指す場合）、政府一般を指す場合はthe governmentと小文字になります。特定の自治体名はWestminster City Council（ウェストミンスター市議会）と大文字になります。

❾組織名

Congress（議会、国会）、Parliament（英国議会）、the House of Commons（［英国の］下院）、the University of Cambridge（ケンブリッジ大学）、the Greater London Authority（大ロンドン庁）、the Ministry of Justice（法務省）、the Bank of England（イングランド銀行）、U.S. Federal Reserve Board（米連邦準備理事会）、the Royal Navy（イギリス海軍）、the United Nations（国際連合）、the Security Council（［国連］安全保障理事会）、the World Food Programme（［国連］世界食糧計画）、the Mayor's Office for Policing and Crime（市長公安室）、European Union（欧州連合）、European Commission（欧州委員会）、EU-25（EU25カ国）

> **@May_Roma's tips**
> theが文頭に来る場合は、The House of Commonsのように「T」が大文字になります。文中の場合のtheは小文字です。

❿政治、経済、宗教、音楽の分類

Satanism（サタニズム）、Satanic（サタンの）、Pagans（異教徒）、Christian（キリスト教徒）、Social Darwinism（社会進化論）、Neoliberalism（新自由主義）、Marxist（マルクス主義者）、Leninist（レーニン主義者）、Islamic（イスラム教の）、Buddhism（仏教）、Hard Rock（ハードロック）、Metal（［ヘビー］メタル）、Punk（パンク）

⓫政党名

Conservative Party（保守党）、Communist Party（共産党）、the New Labour（新労働党）、the Tories（トーリー党）

⓬引用する発言の冒頭

He told me, "This room is too warm."

⓭略語

RIAA（the Recording Industry Association of America／アメリカレコード協会）、NATO（North Atlantic Treaty Organization／北大西洋条約機構）、BBC（British Broadcasting Corporation／英国放送協会）、IEEE（Institute of Electrical and Electronics Engineers／アイ・トリプル・イー）、ATM（automated teller machine／現金自動預入支払機）、PIN number（personal identification number／個人識別番号）、LGBT（lesbian, gay, bisexual, and transgender／レズビアン、ゲイ、バイセクシュアル、トランスジェンダーなどの性的少数者）

⓮主要な歴史的用語

the Meiji Restoration（明治維新）、the European Enlightenment（ヨーロッパの啓蒙思想）、the Great Proletarian Cultural Revolution（文化大革命）、the 2012 Summer Olympics（2012年ロンドンオリンピック）、Mexican Revolution（メキシコ革命）

■コロンとセミコロン

コロン（:）とセミコロン（;）も、使い方を間違いやすいもののひとつです。どちらも2つのアイデア（考え）の関係性を示す句読点（punctuation mark）ですが、それぞれ使い方が少々異なります。

コロンは前の文を**より詳しく説明したり、異なる表現で言い換える**ときなどに使います。

前の文を詳しく説明
The UK is the capital of Hard Rock and Heavy Metal music: it has the best Hard Rock and Heavy Metal bands in the world.

日本語訳　イギリスはハードロックとヘビーメタルの中心地です：世界最高のハードロックおよびヘビーメタルのバンドを抱えています。

前の文を言い換える
The UK is the capital of Hard Rock and Heavy Metal music: it is said to be the center of Hard Rock and Heavy Metal music.

日本語訳　イギリスはハードロックとヘビーメタルの中心地です：ハードロックおよびヘビーメタルが集中しています。

セミコロンは、前の文に**情報を追加したり、相反する情報を付け足したりする**場合に使います。

前の文に情報を追加
The UK is the capital of Hard Rock and Heavy Metal music; it is also the capital of Punk music.

日本語訳　イギリスはハードロックとヘビーメタルの中心地です；また、パンクミュージックの中心地でもあります。

相反する情報を追加

The UK is the capital of Hard Rock and Heavy Metal music; their market in the US became bigger in the 80s.

日本語訳 イギリスはハードロックとヘビーメタルの中心地です；その市場は80年代にはアメリカの方が大きくなりました。

いずれも、2つ以上の文をつなぎ合わせたり、複数の情報を提示することができるので大変便利です。

以下は、イギリス通信庁のウェブサイト上の紹介ページからの抜粋です。

📄 What we do not do

We are not responsible for regulating:

- disputes between you and your telecoms provider;
- premium-rate services, including mobile-phone text services and ringtones;
- the content of television and radio adverts;
- complaints about accuracy in BBC programmes;
- the BBC TV licence fee;
- post offices; or
- newspapers and magazines.

(http://www.ofcom.org.uk/about/what-is-ofcom/)

日本語訳
私たちのあずかり知らないこと
私たちは以下の規制監督責任はありません。
・あなたとプロバイダーの紛争の仲裁
・携帯電話のショートメールサービスおよび着信音などのプレミアムサービス

・テレビおよびラジオ広告の内容
・BBCの番組の正確性に対する苦情
・BBCテレビの受信料
・郵便局、もしくは
・新聞や雑誌

　イギリス通信庁が規制する責任を負わない（We are not responsible for regulating）事柄を挙げるためにコロン（:）が使われています。その後に続く各項目は追加情報なので、セミコロン（;）が使われています。

他人の文章を引用するときの注意点

■引用(quotation)、言い換え(paraphrase)、要約(summary)

　日本語であれ英語であれ、文章を書くときには自らの主張の「根拠」となるものを示して信頼性を高めることが重要です。リサーチの結果や他人の意見を提示する方法として、引用（quotation）、言い換え（paraphrase）、要約（summary）の3つがあります。

　引用とは、参照した文を**一字一句そのまま提示する**方法で、言い換えは、参考にした文章を**自分の言葉で言い換える**こと、要約は原文の**キーメッセージ（主に伝えたいこと）を自分なりの言葉でまとめて伝える**ことです。
　これらの方法で他人の書いた文や資料を自分の文章の中に取り入れる場合には、「誰が、いつ、どこで書いたもので、どこで出版されたか」などの参考文献の書誌情報を明示しなければなりません。
　これをしない場合は、盗作・盗用（plagiarism）に当たってしまいます。

盗作・盗用には厳しい罰則が科せられる

　盗作とは、自分のブログや書籍、提出用の課題、論文などに、誰かが書いた文章や写真、図版などをコピーして挿入しながら、出典を明示せず、あたかも自分が書いたように見せることです。

　日本では2014年に理化学研究所の研究者が発表したSTAP細胞に関する論文にさまざまな「盗用」が見つかり、大きな問題になりました。
　日本のメディアでは「無断引用」というあやふやな表現で報道されていましたが、英語圏では「盗作」という言葉を使って報道しました。研究者の間でも、あれは「無断引用」ではなく「盗作」であるという認識が一般的です。

英語圏の大学、研究所、学術雑誌の多くは、盗作に関する懲戒規定を設けています。

その多くは、懲戒規定が適用となる例を厳密に定義し、盗作の調査プロセスや懲戒処分の内容を具体的に記しています。

大学の場合、盗作に手を染めた人は、退学、学位剥奪、懲戒解雇、学会追放などの厳しい罰則が待ち受けています。多くの場合、**情状酌量の余地はなく**、いかなる違反も許さないゼロ・トレランス方式（zero tolerance policy）が適用されています。

民間企業、特にマスコミなどの場合は盗作が発覚した際には訴訟を起こされる可能性があり、盗用をした人物は懲戒解雇処分になることが少なくありません。

例えば、2014年にはアメリカのケーブルテレビ向けのニュース専門放送局であるCNNの報道記者が約50回盗用を繰り返していたとして解雇されています。
(http://www.washingtonpost.com/blogs/erik-wemple/wp/2014/05/16/cnn-fires-news-editor-marie-louise-gumuchian-for-plagiarism/)

ケンブリッジ大学などでも、学生の提出課題や筆記試験などにおける盗作に対するポリシーが厳密に定められています。
University of Cambridge, "University-wide statement on plagiarism"
(http://www.admin.cam.ac.uk/univ/plagiarism/students/statement.html)

引用する際の注意点

このように、英語圏は盗作・盗用や著作権違反に対しては日本よりはるかに厳しいので、他人の書いた文などを使用する際には十分注意する必要があります。

以下は、引用や言い換え、要約をした例です。

引用

Entrepreneurial cognition refers to "the knowledge structures that people use to make assessments, judgments, or decisions involving opportunity evaluation, venture creation and growth"(Mitchell et al., 2002: 97).

日本語訳　起業家の認識とは「機会の評価やベンチャーの創生や成長を人々が評価・判断または決断するために用いる知識構造」ということである。(ミッチェルほか、2002年、97ページ)

言い換え

元の文章

Studies provide contrasting arguments and evidence regarding the relationship between entrepreneurial experience and optimism.

日本語訳　いくつかの研究が、起業家の経験と楽観主義の関係についての対照的な議論や証拠を提供している。

言い換え

Previous research is divided over the evidence of the association between entrepreneurial experience and optimism.

日本語訳　先行の研究では、起業家の経験と楽観主義を関連づける証拠について意見が分かれている。

　以下は、"The nature of entrepreneurial experience, business failure and comparative optimism"（Deniz Ucbasaran, Paul Westhead, Mike Wright, Manuel Flores）の要約です。

(http://www.dge.ubi.pt/msilva/Papers_MECE/Paper_6.pdf)

要約

Entrepreneurial (i.e. business ownership) experience may enable some entrepreneurs to temper their comparative optimism in subsequent ventures. The nature of entrepreneurial experience can shape how entrepreneurs adapt. Using data from a representative survey of 576 entrepreneurs in Great Britain, we find that experience with business failure was associated with entrepreneurs who are less likely to report comparative optimism. Portfolio entrepreneurs are less likely to report comparative optimism following failure; however, sequential (also known as serial) entrepreneurs who have experienced failure do not appear to adjust their comparative optimism. Conclusions and implications for entrepreneurs and stakeholders are discussed.

日本語訳
起業家（事業所有など）としての経験によって、その後のベンチャーで比較楽観王義を抑えることができる起業家もいるかもしれない。起業家の経験の性質によって、起業家としての適応性が方向づけられるかもしれない。イギリスの起業家576人の代表的な調査のデータを用いて、事業の失敗は比較楽観主義をあまり報告しない起業家と関係していることが判明した。ポートフォリオ起業家は、失敗に際して比較楽観主義を報告することが少ない。しかし、失敗を経験したことのあるシーケンシャル起業家（シリアル起業家としても知られる）は、比較楽観主義を調整しているようには見えない。起業家や出資者にとっての結論およびそのことが持つ意味が議論されている。

■参考文献の表示方法

参考文献の表示方法（citation）にはさまざまなスタイルがあります。そのスタイルは学術雑誌によって異なりますが、以下に挙げたのはいくつかの代表的なスタイルです。

Journal of Business Venturingの例

「Journal of Business Venturing」は起業やベンチャービジネスに関する学術雑誌です。参考文献の表示方法は、以下の投稿規定に明記されています。
(http://www.elsevier.com/journals/journal-of-business-venturing/0883-9026/guide-for-authors#20300)

通常このような投稿規定には、投稿者の倫理、投稿のスタイル、著作権、盗用、査読のプロセスなどが細かく記載されています。

書籍・論文から引用する場合

　論文中に別の論文を引用する場合には、一般的に以下のように表記します。「et al.」は「and others」という意味で、引用元の執筆者が3名以上の場合にはこのように表記します。執筆者が2名の場合は、両方の名前を入れます。2006は「2006年に出版された」、という意味です。

Over-confidence and comparative optimism may encourage an individual to exploit an opportunity but they may also encourage establishment of under-capitalized firms (Hayward et al., 2006).

日本語訳　自信過剰と比較楽観主義は個人の機会活用を促すかもしれないが、資本金不足の会社の設立をも促すかもしれない。(ヘイワードほか、2006年)

　さらに、論文の最終ページには参考文献 (reference) を入れ、参照・引用した論文や書籍、記事などをすべて挙げます。以下は表記の一例です。

著者名　　　　　　　　　　　　　　　　　　　　　　　出版年　論文のタイトル
Hayward, M.L.A., Shepherd, D.A., Griffin, D., 2006. A hubris theory of
　　　　掲載誌名と号数　　　　　　　　掲載ページ
entrepreneurship. Management Science 52, 160-172.

　「Hayward, M.L.A., Shepherd, D.A., Griffin, D.,」は著者名、「2006.」は出版年、「A hubris theory of entrepreneurship.」は論文のタイトル、「Management Science」は掲載された学術雑誌名、「52」はその雑誌の号数、「160-172.」は掲載ページです。

MLAスタイル

　MLA styleは、米国現代語学文学協会 (Modern Language Association of America [MLA]) が発行する英語論文のガイドラインで、MLAが出版している『MLA Handbook for Writers of Research Papers』に詳細が記載されてい

ます。人文科学やリベラルアーツの分野で幅広く使用されており、参照・引用のスタイルだけではなく、英語圏の論文フォーマットなどが解説されています。

書籍の引用
著者名　　　　　　書籍のタイトル　　　　　　　　　　都市　　　出版社
Fukuyama, Francis. End of History and the Last Man. New York: Free Press, 2006. Print.
出版年

雑誌の引用
執筆者名　　　記事のタイトル　　　　　　　　　　　　　　　　掲載誌
Liddle, Rod. "Why Nigel Farage was right about those Romanians." The Spectator 21 May 2014: 100-103. Print.
名　　出版年月日　　掲載ページ

オンラインソースの引用
執筆者名　　　記事のタイトル　　　　　　　　　　　　　　　　掲載誌
Liddle, Rod. "Why Nigel Farage was right about those Romanians." The Spectator, 21 May 2014. Web. 30 May 2014.
名　　出版年月日　　ウェブ掲載日

(Joseph Gibaldi , the MLA Handbook for Writers of Research Papers (Modern Language Association of America 2009)
(http://www.mla.org)

APAスタイル

アメリカ心理学会（The American Psychological Association [APA]）によるガイドラインで、社会科学系の論文で使用されることが多いスタイルです。

書籍の引用
著者名　　　　出版年　書籍のタイトル　　　　　　　　　都市　　　州
Fukuyama, F. (2006) End of History and the Last Man. New York, NY: Free Press.
出版社

雑誌の引用
執筆者名　　　出版年月日　　　記事のタイトル
Liddle, R. (2014, May 21). Why Nigel Farage was right about those Romanians. The Spectator, 100-103.
　　　　　掲載誌名　　　掲載ページ

オンラインソースの引用

執筆者名　　　　出版年月　　　　記事のタイトル
Liddle, R. (2014, May). Why Nigel Farage was right about those
　　　　　　　　　　掲載誌名
Romanians. The Spectator. Retrieved from
掲載URL
http://blogs.spectator.co.uk/coffeehouse/2014/05/reasons-to-love-your-german-neighbours/

(American Psychological Association, Publication Manual of the American Psychological Association (American Psychological Association; 6th 2013)
(https://www.apa.org)

「シカゴ・マニュアル」スタイル

　「シカゴ・マニュアル」スタイル（The Chicago Manual of Style [CMS]）も広く使用されている論文作成のためのガイドラインで、特に史学のコースで使用されることが多いスタイルです。MLAやAPAに比べて掲載ページなど引用元の詳細が詳しく記載されます。

書籍の引用

著者名　　　　　　　書籍のタイトル
Michael Pollan, The Omnivore's Dilemma: A Natural History of Four
　　　　　　都市　　　　出版社　　　出版年　　掲載ページ
Meals (New York: Penguin, 2006), 99–100.

雑誌の引用

執筆者名　　　　　　記事のタイトル　　　　　　掲載誌名　　　　　出版年月日
Daniel Mendelsohn, "But Enough about Me," New Yorker, January 25,
　　　掲載ページ
2010, 68.

オンラインソースの引用

記事のタイトル　　　　　　　最新更新日　　　　　　　　掲載URL
"Google Privacy Policy," last modified March 11, 2009, http://www.google.com/intl/en/privacypolicy.html.

("Chicago-Style Citation Quick Guide" http://www.chicagomanualofstyle.org/tools_citationguide.html
University of Chicago Press, The Chicago Manual of Style (Univ of Chicago Pr (T); 2010)
(http://www.chicagomanualofstyle.org/home.html)

Column ——— 4

ローコンテクスト文化とハイコンテクスト文化

なぜ日本人が書く英文は、読者が異なる文化背景を持っていることを前提とせず、行間を読ませるようなものになってしまうのでしょうか？　それには理由があります。日本は島国で、移民国や大陸国に比べると人の移動が少なく、他民族が集まっているわけでもなく、同じ言語・文化を共有する人々が集まっている国です。

文化人類学者のエドワード・T・ホールは、このような文化のことを「ハイコンテクスト文化」と呼んでいます（『文化を超えて』研究社出版、2003年）。集団主義で情緒的、人間関係が濃く、コミュニティーの構成員には共通することが多いので会話は感覚的、言葉で細かい説明をしません。東アジア、南アジアや中東がこの文化圏に当たります。

これに対して「ローコンテクスト文化」は、個人主義で論理的、物事を言葉で明確に表現する文化です。北米やオセアニア、大陸欧州、イギリスはこの文化圏です。つまり、英語圏は「ローコンテクスト文化」なのです。相手は自分と同じ文化を共有していない、相手は知らないということを前提とし、相手に推察することを求めず、言葉で逐一説明しなければならないというわけです。

「ハイコンテクスト」で書かれた日本語の文書を直訳しても相手に通じないのは当たり前なわけです。しかし、海外に住んだことがない日本人にはそれが分かりません。

「ハイコンテクスト文化」と「ローコンテクスト文化」の違いは、異なる文化に属する人と共同生活をしたり一緒に仕事をしたりするとよく分かります。例えば、うちの家人はイギリス人で、東アジアや中東に住んだことはありませんので、思考方法は典型的な「ローコンテクスト文化」の人です。

日本の家庭であれば、例えば私が「お茶」「リモコン」と言えば、だんなさんは「ああ、お茶が飲みたいのね、今入れてくるわ」「リモコン取って欲しいのね。ちょっと待って」とさっとお茶を入れたり、リモコンをぽんと渡してくれるわけですが、「ローコンテクスト文化」ではそうはいきません。

「ちょっと、今君はそのティー（お茶）という単語を発しましたが、それは、どういう意味なの？　お茶について語りたいのか、お茶を買いに行きたいのか、それとも、お茶についての俳句ポエムの一部か何かなのか？」と質問攻めにあってしまうわけです。要するに「何が言いたいのか分からない」というわけです。

最近は訓練のかいがあり、私が「ティー」と言えば、「のどが渇いたので玉露（安い紅茶ではない）をきれいに洗った急須で入れて、きれいに洗ったカップに入れ（1週間洗っていない茶渋つきのではない）、適温で入れて持ってきてくれという意味」だということが伝わるようになりましたが、説得には以下のような言葉を繰り返し、トヨタ方式（「ムダの徹底的排除」を目的とする、トヨタ自動車が考案した手法）の教科書を片手に持ちながら、約3年かかったのでした（サービス品質改善や業務プロセス改善は私の専門の一部）。

「日本はハイコンテクスト文化なので、『お茶』『ご飯』『背中がかゆい』『あー』『うー』という単語とかフレーズを発するだけで、相手は私が何を求めているとか、楽しいとかムカついているということが分かり、それに応じたアクションをとるものなのだ。別にうなっているわけでも、頭がオカシクなったわけでも、俳句ポエムをやっているわけでもない。

だいたい『クッドアイハブアカップオブティープリーズ？』『アイフィールラブリー』などといちいち言っていたらそれは時間の無駄であり、口をたくさん動かさなくてはいけないので面倒であり、世の中は今いろいろなものが超高速のドッグイヤーで動いているから、一分一秒は銭であり、いちいちたくさん口を動かすのは非効率の極みであり、そういうわけで、英国式の夫婦間の意思疎通の方法は日本風にカイゼンされなければならない」

なお、家人いわく、最初のころは「強制収容所の看守に何か命令されているような気分がしていた」「『あー』『うー』としか言わないから何かの病気なのかと思っていて真剣に心配していた」のだそうです。

INDEX

あ

あいさつ ... 159, 194, 217, 229
アイデア ... 128, 177, 205, 247
あいにく ... 165
アウトライン ... 118, 135
アクセス ... 151
あて先 ... 235, 243
アプリケーション ... 151
アポ（イントメント） ... 156, 161
アメリカ英語 ... 93
アルバム名 ... 244

い

言い換え ... 250
イギリス英語 ... 93
イギリス式 ... 228, 236
意見 ... 36, 49
　――を表明する ... 182, 183
医師 ... 233
意思 ... 142
　――決定 ... 234
一般論 ... 42, 111
一筆啓上 ... 206
イディオム ... 26
イメージ ... 27
依頼 ... 127, 142, 145, 146, 160
依頼する ... 140, 144, 148
医療 ... 115
隠語 ... 90
印刷 ... 151
インストール ... 151
インタビュー ... 35
引用 ... 133, 135, 246, 250

う

受取人 ... 198, 200, 231
受け身 ... 87
打ち合わせ ... 55, 159
裏付け ... 114, 219
売り上げ ... 177

え

映画の題名 ... 244
英検 ... 29
英文校正 ... 24
英文フォーマット ... 228
英文履歴書 ... 24
エクセル ... 21, 22
エッセー ... 66, 81, 114
演繹的 ... 110, 228
遠慮なく ... 212

お

お祈り ... 212
お祝い ... 210
応募する ... 242
大見出し ... 99
大文字 ... 244
お悔やみ ... 212
遅れ ... 163, 165, 181
お茶会 ... 196
オッカムの剃刀 ... 41
お天気 ... 208
おめでとう ... 210
お役所文書 ... 32
お礼 ... 141, 155, 160, 178, 204, 206, 208, 209
　――状 ... 209
おわび ... 162
音楽 ... 246
御社 ... 221

か

カード ... 201
改革 ... 32
会議 ... 45, 50, 154, 177, 184, 205
解決策 ... 55
開始時間 ... 199
会社住所 ... 231
会社訪問 ... 167
会社名 ... 231, 244
改善 ... 221
概要 ... 135, 164, 235, 238
顔合わせ ... 152
科学技術 ... 115
学位 ... 24
　――名 ... 241
学術雑誌 ... 253
学術論文 ... 106
確認 ... 56, 151, 179, 185, 214
確認する ... 184, 185
学歴 ... 241
可算名詞 ... 82
過失 ... 221
カジュアル ... 232
箇条書き ... 215
家族 ... 210
課題 ... 53
肩書き ... 151, 221, 231, 244
学校名 ... 241
カバーレター ... 236
歓迎 ... 169
関係詞 ... 51, 80
勧告 ... 235
冠詞 ... 81, 84, 135
感謝 ... 60, 63, 141, 155, 179, 206
感情表現 ... 35
感情論 ... 51
間接目的語 ... 53
管理職 ... 60
関連性 ... 48

き

語	ページ
キーメッセージ	87, 114, 135
企画書	116
期限	55, 56, 181, 226
既婚	233
技術文書	104
議事録	127
期待	180
議題	45, 154, 184
議長	205
祈念	221
帰納的	110
希望	151, 157, 159
客観的（な）事実	35, 50
客観的な文章	51
キャリアウーマン	27
キャンペーン	164
休日	245
教員	233
業界用語	90
教授	233
業務（用の）文書	30
業務用レポート	35
記録	217
議論	49, 50, 177, 205
緊急事態	226
近況	191

く

語	ページ
苦情	175, 216, 222
具体的に	165, 218
国	244
繰り返し	69, 135
グループ名	244
グループ名詞	83
クレーム	21, 27
グローバル化	31
訓示	33

け

語	ページ
経緯	145, 217, 223, 231
経営	170
敬具	187, 197, 226
敬語	138
経済	246
——記事	102
敬称	231, 233
携帯電話番号	151
契約	78, 217
——書	140, 221
経歴	167, 236
激励	60
結語	229, 231, 232
欠席	162, 203
結論	25, 110, 111, 135
元気	191
言語	244
研修員	167
謙遜	167
件名	229

こ

語	ページ
語彙（力）	71, 76, 132
合意	185
講演者	186
抗議	222
口座情報	149
講師	233
校正	131, 236
功績	178
構造	110, 133, 219
公的機関	172
顧客	179, 215, 232
国際共通語	120
国籍	244
古語表現	28
固定電話番号	151
コトワザ	33
コピー送付先	235
小見出し	99
コミュニケーション戦略	122, 135
コメント	144
コロン	149, 187, 247
根拠	219
コンピューター	115

さ

語	ページ
サービスレベル合意書	127
採用	169
サイン	231, 243
作業	144, 148, 160
作文	36, 96
差出人	231
誘う	186, 188, 190
サラリーマン	27
残業	142
参考文献	253
参照番号	231
賛成	47
——を表明する	182
残念	181, 209, 212, 218
——ながら	203

し

語	ページ
市	245
資格	166, 241
——名	24
シカゴ・マニュアル	256
時間	197
——帯	153, 159
事故	163
事項	231
時候のあいさつ	25, 187
自己紹介	149, 166, 243
仕事	58
支持	182, 183
自社	170
辞書サイト	75
下請業者	55
自治体	245
実施	219

──計画	31	商品	171	責任	181
失望を伝える	180	──説明	34	接続詞	78
質問	141, 175	譲歩	80	セミコロン	247
指摘する	214	情報収集	151	セミナー	186
事務手続き	149	条約	245	前任者	151
氏名	231	小論文	46	全面的に	182
締め切り	181	職種	151	専門	166
締めくくり	229	職場	166, 169	戦略	122
謝罪する	162, 164	職務	59		
借金	147	──記述書	127	**そ**	
社内文書	123	職歴	238	添え状	242
ジャパングリッシュ	27	助言	55	組織内文書	30
宗教	246	書式	228	組織名	245
住所	196, 199, 201, 228, 231, 238	所属	221, 241	訴訟	224
		──部署	229	卒業年	241
		署名	141, 229, 231	損害	219
就職	167	処理	179		
修正	56	知らせ	142, 155, 168, 197	**た**	
熟語	58, 135			ターゲット	133, 135
受験英語	29, 58			対応	179
主催	186	人事記録	153	対処	164
──者	198, 200, 209	新人	168	対処する	215
		申請書	127	題名	235
趣旨	198	新製品	116	代名詞	80
主題	110	人名	244	題目	186
主張	49, 87			他動詞	53
出席	163, 202	**す**		楽しみに	166, 202, 204, 206
出張	159, 203	推奨	151		
出典	135	推薦状	241	多忙	159
受動態	28	数字	231	誕生会	199
賞	244	スケジュール	153, 180	団体名	229
紹介	166, 248	スピーチ	33	段落	231
紹介する	168, 170	スマートカジュアル	197, 198		
使用許可	151	スマホ	27	**ち**	
条件	80			地域	244
上司	232	**せ**		チームメンバー	153, 179
仕様書	41	性格	243	近いうちに	206
昇進	210	請求	220	注文	171, 220
小説	66	──書	127	──品	143
招待	196	成功事例	97	直接目的語	53
──者	197	制裁	221	直訳	29, 33
──状	196, 198, 200	政治	246	著名な建物	244
		政党名	246		
招待状への返事	202, 203	製品	159, 171	**つ**	
招待する	186	──名	244	追加情報	235
承認	78	政府	245	通知	217
──する	184	セールスポイント	243	月	245

261

て

提案	176, 182, 183
定冠詞	81
提出期限	229
ディナー	200, 202
丁寧語	138
データ	50
──ベース	151
手紙	133, 146, 226
デフォ	27
添削	131
添付文書	235
テンプレート	59, 128
電話	225
──番号	238

と

問い合わせ	141, 151, 171, 179, 215, 235
問い合わせる	172, 174
同義語	71, 75
投稿規定	253
盗作	250
導入	111, 217
同封した書類	184
盗用	250
同僚	61, 144, 167, 210, 212, 232
時	80
特に	176
取り組む	215
取引	220
──先	140, 170
ドレスコード	196, 199, 201

な

何かありましたら	212
名前	151

に

日時	223
日程	198
ニュートラル	208
認識	174

の

能動態	28
納品	143
ノートパソコン	27, 151

は

パーティー	198, 200, 206, 208, 209
パート	27
背景	235
配達状況	171
博士	233
白書	87, 98
場所	198
パスワード	149
バズワード	135
パソコン	151
発信者	235
話し合う	161
反対	49
──を表明する	183
販売	177

ひ

被害	224
比較	151
ビジネス	115
──戦略	90
──文書	125
ビジネスメール	123, 229
ビジネスレター	21, 231
秘書	148
日付	228, 231, 235
ひな形	128
皮肉	208
評価	229
表記	151
表現	132
品質基準	41

ふ

ファーストネーム	149, 217, 229
フォーマット	128, 228
フォーマル	196, 198, 200, 232, 243
部下	61, 142, 178
不可算名詞	83
服装	197
──規定	197, 199, 201
不定冠詞	81
訃報	213
ブラックタイ	200, 201
フリーフォーマット	24
フルネーム	221, 229
ブレスト	27
プレゼン(テーション)	37, 123
ブログ	123
プロジェクト	77, 79, 147, 229
──管理	125
──マネージャー／プロマネ	27, 77
フロント	27
文学作品	114
文化背景	33
文書	126
──番号	235
文章フォーマット	21
文法	26, 29, 58, 135

へ

ベストプラクティス	97
返事	147, 174, 176, 188, 198, 200, 202
返信	173
ベンチャー	27
返答	175, 177, 199, 201

262

ほ

母音	84
報告	55, 220
――書	46, 53, 77, 127, 144
方針	88
法人顧客	151
法的手段	221
報道	115
訪問	54
――依頼書	25
法律	115, 245
ボキャブラリー	76
北米式	228, 236
誇りに	210
補足	231
ホテル	171
褒める	178, 208
本の題名	244
本文	229, 231
翻訳	30

ま

街	244
マニュアル	104

み

ミーティング	152, 158, 162, 163, 229
未婚	233
店	171
見通し	173

む

無生物主語	87

め

名詞	81, 84
名刺	151
メーカー	151
メール	46, 127, 133, 162
――アドレス	149, 238
メモ	21, 46, 234

面識	161, 170, 187, 217, 229
面接	167
面談	152, 160
メンバー	169

も

申し込む	147, 158, 160
目次	118
目的	45, 135, 159, 231, 235
目的語	52
モニター	151
問題	55, 164, 175, 214, 217
――を指摘する	214
――点	235

や

役職	→肩書き
約束	156, 158

ゆ

友人	145, 190
郵送	140

よ

要員計画	127
要件定義書	21, 127
曜日	245
要望	151
要約	250
予算	55, 79
予想	172
予定	154
呼びかけ	229, 231, 232
予約	156
喜んで	202
よろしく	194
よろしくお願いします	160, 184

り

履行	221
リストラ	27
略語	246
理由	80, 182, 183
――づけ	48, 51
履歴書	21, 24, 236
リンガフランカ	120
稟議書	21, 23

る

類義語	71, 75
類語	133

れ

歴史的用語	246
レジュメ	236
レストラン	171
レターヘッド	231
連絡	146, 156, 158, 171, 172
――先	242

ろ

ロゴ	151
ロジカル	217
ロジック	110
論拠	25, 110, 215
論文	106
論理	110

わ

ワイヤレス	27
和製英語	27, 205

⬇ ボーナスページ(PDF)の入手方法

本書のご購入者は、下記URLから申請していただければ、ボーナスページ(PDF)を無料でダウンロードすることができるようになります。ボーナスページには「要件定義書」「社員募集広告」のサンプルが含まれます。

申請サイトURL（ブラウザの検索窓ではなく、URL入力窓に入力してください）

http://www.asahipress.com/tensakune/

【注意】本書初版第1刷の刊行日（2015年2月10日）より1年を経過した後は、告知なしに上記申請サイトを削除したりボーナスページの配布をとりやめたりする場合があります。あらかじめご了承ください。

添削！日本人英語
世界で通用する英文スタイルへ

2015年2月10日 初版第1刷発行

著者	谷本真由美　ポール・ロブソン
イラスト	伊藤ハムスター
ブックデザイン	阿部太一 [GOKIGEN]
DTP	メディアアート
発行者	原　雅久
発行所	株式会社 朝日出版社

〒101-0065　東京都千代田区西神田 3-3-5
電話　03-3263-3321（代表）
http://www.asahipress.com

印刷・製本　　凸版印刷株式会社

ISBN978-4-255-00818-9 C0082
乱丁・落丁本はお取り替えいたします。
無断で複写複製することは著作権の侵害になります。
定価はカバーに表示してあります。
©Mayumi Tanimoto and Paul Robson, 2015
Printed in Japan